高中思想政治导学系列丛书

文化生活

导学

邱继先 主编

西南师范大学出版社
国家一级出版社 全国百佳图书出版单位

《文化生活导学》编委会

指导专家　刘　云　肖潇空

主　　编　邱继先

副 主 编　罗永红

编　　委　罗永红　谢永胜　毛阿英

　　　　　邹　霞　许安童　杜　洁

　　　　　陈远彬　陈　竹　周永红

　　　　　段　峰　曾　松　付文艺

　　　　　何发惠

前 言

　　实施高中新课程对于高中教育既是一个挑战，又是一个发展的机遇，更是一个全面提高基础教育质量的有利节点。高中新课程系列导学丛书严格遵循"重庆市普通高中新课程实验实施方案"的指导思想和要求。以"科学发展观"和重庆"314"总体战略部署为指导，积极探索实施素质教育和培养创新型人才的新途径，构建普通高中新课程实施体系。整体推进区域高中新课程教学有效性研究，全面提高基础教育质量。

　　丛书简介：高中思想政治导学系列丛书是顺应重庆市高中新课程改革的要求而编写的系列导学丛书。该丛书是依据教育部新课程改革的新理念、新课标、新教材的要求和高中学生的思维特点，总结借鉴全国高中新课程改革实验的经验，集中一线骨干教师，组成丛书编写工作团队，遵循先学后教、先教后学、因材施教和温故知新的教学规律，在重庆市著名政治学科专家刘云、肖潇空全程指导下而编写的师生用书。目的是帮助教师构建"双主"课堂有效教学模式（学生主体作用和教师主导作用），特别是帮助高中学生进行自主学习、合作学习和探究学习，充分发挥学生的主体作用。

　　每个学习单元包括故事导入、课标导读、知识逻辑、自学导航、要点导释、高考在线、合作探究、学习体验等八个部分。注重发挥学生主体作用、激发学生兴趣、解答学生困惑、引导学习方法、培养学生能力。

　　系列丛书包括《经济生活导学》《政治生活导学》《文化生活导学》《生活与哲学导学》等四个必修模块和《经济学常识导学》《国家和国际组织常识导学》等两个国家限定选修模块。

　　《文化生活导学》是《高中思想政治新课程导学》系列丛书的第三本。

丛书价值：帮助师生准确解读思想政治新课程的理念、课程标准、新教材、教学方法和具体要求；为思想政治学科教师和学生提供教与学全程指导，包括学科课标解读、学科教材解读、学科教学设计、学科评价设计、学科学习指要和教与学的方法指导等；整体推进区域性高中思想政治新课程的准确实施和高中新课程教学有效性研究，探索在高中新课程背景下的"双主"课堂有效教学模式，全面提高基础教育质量和水平；锻炼和培养高中思想政治新课程骨干教师；提升思想政治教研员的研究、指导、服务能力。

出版计划：2010 年 9 月出版《经济生活导学》，2011 年 1 月出版《政治生活导学》，2011 年 8 月出版《文化生活导学》，2012 年 1 月出版《生活与哲学导学》，2012 年 8 月出版《经济学常识导学》，2013 年 1 月出版《国家和国际组织常识导学》。

本书编写：罗永红、谢永胜编写第 1、2 课；毛阿英、邹霞编写第 3、4 课；许安童、杜洁编写第 5 课；陈远彬、陈竹编写第 6、7 课；周永红、段峰编写第 8、9 课；曾松、付文艺、何发惠编写第 10 课。由于我们理论水平有限，编写时间仓促，书中难免存在不当之处，敬请各位师生批评指正。谢谢！

秋阳团队

2011 年 6 月 18 日

目　录

第一单元　文化与生活

第一课　文化与社会

关于文化的话题

每个时代都有自己独特的文化风格,不论是唐的诗、宋的词,还是元的曲和剧、明清的小说,都是那个时代的文化主流,都对当时社会产生了一定的积极影响。

但当今社会出现的种种所谓的"文化"现象却令人不寒而栗。只要睁开眼,报纸杂志,到处都是美女裸露的肌肤。很多影视作品题材不是婚外恋就是三角恋,同性恋的题材也抬头见日直线攀升,这样畸形的发展对人有益还是对社会有益?

余秋雨的《文化苦旅》曾经引发了"文化"热,当今的易中天、于丹在《百家讲坛》也掀起了一层层读书的浪潮,他们引领国人读好书,读净化人灵魂的作品,这是令人欣慰的文化现象。我们的社会需要让积极的文化主流引领。

(1)文化究竟是什么?

(2)我们的社会为什么需要让积极的文化主流引领?

体味文化

【课标导读】

知识目标:识记文化的含义、文化的特征以及文化的形式;理解文化的内涵;分析文化是一种精神力量。

能力目标:通过全面、准确理解文化的内涵,培养全面分析文化问题的能力。

情感、态度与价值观目标:体味文化力量;感悟不同文化对个人和社会的不同作用;增强培养文化素养的意识和自觉性。

【知识逻辑】

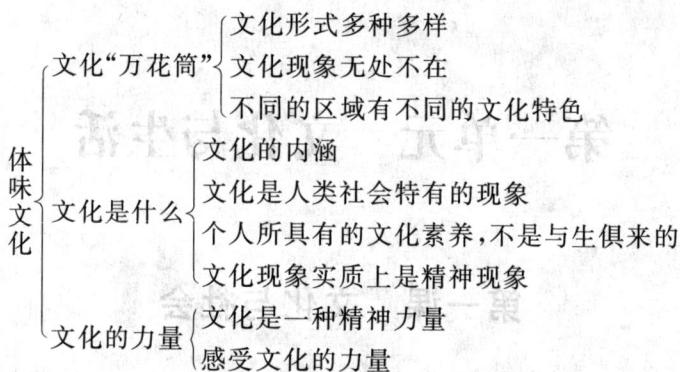

```
        ┌ 文化"万花筒" ┌ 文化形式多种多样
        │            │ 文化现象无处不在
        │            └ 不同的区域有不同的文化特色
体       │           ┌ 文化的内涵
味       │ 文化是什么 │ 文化是人类社会特有的现象
文   ────┤            │ 个人所具有的文化素养,不是与生俱来的
化       │            └ 文化现象实质上是精神现象
        │           ┌ 文化是一种精神力量
        └ 文化的力量 └ 感受文化的力量
```

【自学导航】

1.文化现象无时不有,无处不在。环顾我们身边的生活,有丰富多彩的_____文化、_____文化,还有转瞬间已不再新奇的_____文化等。

2.文化是相对于_____、_____而言的人类全部_____及其_____。其中,既包括_____、_____、_____等具有_____性质的部分,又包括_____和_____、_____和_____等_____的部分。

3.文化是人类社会_____的现象。文化是由_____所创造、为_____所特有的。纯粹"_____"的东西不能称为文化。文化是_____的产物。

4.每个人所具有的文化素养,不是天生的,而是通过对_____的体验,特别是通过参与_____活动、接受文化知识、文化教育而逐步培养出来的,人们在_____中创造和转化,也在_____中获得和享用文化。

5.人们的精神生活离不开_____,精神产品离不开_____。

6.文化具有非常丰富的形式,如_____、_____、_____、_____、_____、_____、_____等都属于文化;人们进行文化_____的过程,都是文化活动。

7.文化的社会作用。

(1)文化是一种社会_____力量。文化作为一种_____,能够在人们_____、_____。

(2)_____的过程中转化为_____,对_____产生深刻的影响。这种影响,不仅表现在_____中,而且表现在_____中。一个民族,物质和精神上都不能贫穷,只有这样,才能自尊、自信、自强地屹立于世界民族之林。

(3)不同性质的文化,对社会发展的影响不同。_____文化会促进社会的发展,落后的、腐朽的文化则会_____。

8.有人认为,文化就是音乐、戏剧等艺术。你是否赞同这种看法?

9.你觉得文化对社会和你个人有没有影响?如果有,有什么样的影响?

【要点导释】

1.文化的内涵与形式。

（1）内涵：文化是相对于经济、政治而言的人类全部的精神活动及其产品。其中，既包括世界观、人生观、价值观等具有意识形态性质的部分，又包括自然科学、技术、语言和文字等非意识形态的部分。

理解：①广义的"文化"是对人类改造世界的一切活动及其创造的物质成果和精神成果的统称，这种广义的"文化"概念与"文明"的含义相近。

②狭义的"文化"专指文学艺术和科学知识，或指人们受教育的程度。

③我们所讲的"文化"，是建设中国特色社会主义文化中的"文化"，它既不同于那种广义的"文化"，也不同于那种狭义的"文化"。

准确把握文化的概念，应注意两点：

第一，文化是人类社会特有的而不是自然所具有的。（纯粹"自然"的东西不能称为文化，而人们游山玩水则属于文化活动）

第二，文化是精神的而不是经济的和政治的。

（2）形式：文化具有非常丰富的形式，如思想、理论、信念、信仰、道德、教育、科学、文学、艺术等都属于文化；人们进行文化生产、传播、积累的过程都是文化活动。

（3）特点：

①文化是人类社会特有的现象，是社会实践的产物。

②文化是人类社会实践的产物，反过来又影响和推动着人类实践的发展与进步。

③人们的文化素养是通过对社会生活的体验，特别是通过参与文化活动、接受知识文化教育而逐步培养出来的。

④人们的精神活动离不开物质活动，精神产品离不开物质载体。

⑤文化作为一种精神力量，能够在人们认识世界、改造世界的过程中转化为物质力量，对社会发展产生深刻的影响。

2.文化的力量。

（1）文化作为一种精神力量，能够在人们认识世界、改造世界的过程中转化为物质力量，对社会发展产生深刻的影响。这种影响，不仅表现在个人的成长历程中，而且表现在民族和国家的历史中。

①文化对个人成长的影响。

文化作为一种精神力量，先进的、健康的文化是个人成长的催化剂；反动的、腐朽没落的文化则会把人们引向歧途。

②文化对社会发展产生深刻的影响。

文化作为一种精神力量，对人类社会的发展产生着深刻的影响。先进的、健康的文化对社会的发展产生巨大的促进作用；反动的、腐朽没落的文化则对社会的发展起着重大的阻碍作用。

人类社会发展的历史证明，一个民族，物质上不能贫困，精神上也不能贫困，只有物质和精神都富有，才能自尊、自信、自强地屹立于世界民族之林。

（2）应注意的问题。

①文化对个人成长和社会发展的作用具有双重性。先进的、科学的文化对个人成长和

社会发展产生巨大的促进作用;反动的、腐朽没落的文化则对个人成长和社会发展起着重大的阻碍作用。

②文化作为一种精神力量,不能直接转化为物质力量。

③文化虽然对社会发展产生深刻影响,但不能决定社会发展(决定社会发展的是物质资料的生产方式)。

【高考在线】

1.(2009 山东卷)汶川大地震期间,一首首优秀的诗歌作品抒发了情怀,激励了国人,唤起了希望。这体现了(   )。

A. 文化对社会发展起促进作用

B. 文化对人具有潜移默化的影响

C. 文化是一种社会精神力量

D. 诗歌是我国优秀的传统文化

答案:C。

解析:A 说法错误,只有先进文化才对社会发展起促进作用;B 不符合题意,它主要讲的是文化对人影响的特点,没有把"抒发、激励、唤起"这些内容突出出来;D 没有反映题意;只有 C 符合题意要求。

2.(2010 江苏卷)青海省玉树地震发生后,宗教团体纷纷组织"宗教救援队"积极参加救灾,僧侣们还为在地震中的死难者超度祷告,给地震区的佛教信众很大的心理安慰。这表明(   )。

①我国政府鼓励人们信仰宗教   ②宗教能够与社会主义社会相适应

③文化活动可满足人们的精神需求   ④文化是改造社会的强大物质力量

A.①③   B.②④   C.①④   D.②③

答案:D。

解析:综合知识考查。①违背我国宗教政策。④表述错误。本题考查《政治生活》与《文化生活》,学生排除错误选项难度小。

3.(2010 广东卷)孟浩然《与诸子登岘山》诗:"人事有代谢,往来成古今。江山留胜迹,我辈复登临……羊公碑字在,读罢泪沾襟。"该句诗可以体现(   )。

①文化是人类社会实践的产物   ②文化是由文人创造的

③文化具有继承性   ④文化影响人的精神世界

A.①②③   B.①②④   C.①③④   D.②③④

答案:C。

解析:通过审题,可排除②,因为人民群众是文化创造的主体,得出正确答案 C。

【合作探究】

材料一   为了加强社会主义核心价值体系建设,增强社会主义意识形态的吸引力和凝聚力,用先进的、红色的、健康的文化抵制落后和低俗文化。重庆市从 2008 年启动了"唱读讲传"活动,迄今已达十万多场。

材料二 "凡音之起,由人心生也""声音之道,与政通矣",先秦的《乐记》中如是说。在各种文艺形式中,声乐因直接发自人的内心而成为最能打动人心的情感的一种艺术形式,也是与人民群众联系最广泛、与时代联系最密切的艺术形式。红歌,无疑是声乐中的经典,是时代的号角、人民的心声。

不同时代有不同时代的红歌,从一个侧面记录了中国歌曲创作不断演变、不断丰富、不断提高的历程,也生动展示了中国人民的革命、建设豪情与爱党、爱国、爱民真情,往往有着浓郁的生活气息、鲜明的民族特色、优美流畅的旋律、明朗向上的精神。歌声中的回忆是最真切、最动人的,它记录了我们太多太多生活,给我们以享受、以力量、以勇气。

重庆市通过开展"唱读讲传"活动,掀起学唱红歌的高潮有什么作用?

【学习体验】
课堂体验

1. 我们讲文化生活,这里的"文化"是相对于经济、政治而言的人类全部精神活动及其产品。下列属于文化的是( )。
①2011 中国印尼联合军演 ②科学发展观 ③重庆秀山花灯戏
④十一届全国人大四次会议 ⑤千年古树 ⑥园林雕塑
A.①③④⑤   B.①②③⑥   C.②③④   D.②③⑥

2. "石头上刻着名人名言,石头是物质的,但表现的是精神的内容。"对这句话的理解,下列说法正确的是( )。
A. 人们的精神活动离不开物质活动,精神产品离不开物质载体
B. 文化就是刻在石头上的名人名言
C. 物质活动和精神活动是分开的,两者互不影响
D. 文化就是人类创造的产品

3. 民族精神是一个民族赖以生存和发展的精神支柱,全面建设小康社会,要坚持弘扬和培育民族精神。这是因为( )。
A. 只有先进的思想文化才能反作用于事物
B. 精神能够决定着社会经济、政治的发展
C. 思想文化对社会发展具有反作用
D. 错误的思想文化不以一定的经济、政治为基础

4. "当今世界激烈的综合国力竞争,不仅包括经济实力、科技实力、国防实力等方面的竞争,也包括文化方面的竞争。文化的力量,深深熔铸在民族的生命力、创造力和凝聚力之中,成为综合国力的重要标志。"这句话主要揭示了( )。
A. 经济在综合国力竞争中的地位
B. 文化在综合国力竞争中的地位
C. 科技在增强经济实力中的地位
D. 综合国力在国际竞争中的地位

5.在世界多极化和经济全球化进程中,中国作为发展中国家,在文化发展上面临严峻挑战。新形势下,我国要提升文化竞争力,就要做到( )。

①大力发展科技,增强我国的综合国力　②大力发展文化产业　③继承和发扬优秀传统文化　④"引进来"和"走出去"相结合战略　⑤发展教育事业,培养高素质人才,提高劳动者素质

A.①②③　　　　B.③④⑤　　　　C.②④⑤　　　　D.①②③④⑤

课外体验

1.黄河文化是"黄河之水天上来,奔流到海不复回";长江文化是"大江东去,浪淘尽,千古风流人物";珠江文化是"海上升明月,天涯共此时"。这些描述表明( )。

A.不同的地域、不同的自然环境,会产生不同的文化

B.文化没有差异性,只有包容性

C.人类的文化现象是与生俱来的

D.人人都有自己的文化生活

2.我国航天人发扬"特别能吃苦,特别能战斗,特别能攻关,特别能奉献"的航天精神,将中国人的飞天梦想变成了现实。这里的航天精神( )。

①是文化　②是人类社会特有的现象　③是人们社会实践的产物　④是自发形成的

A.①②③　　　　B.①②④　　　　C.②③④　　　　D.①②③④

3.在文化生活中,我们要讲的"文化"是( )。

A.广义上的"文化"与"文明"的含义相近

B.指建设中国特色社会主义文化中的"文化",它既不同于广义的那种"文化",也不同于狭义的那种"文化"

C.指人们受教育的程度

D.专指文学艺术和科学知识,是狭义上的"文化"

4.西汉刘向在《说苑·指武》中写道:"圣人之治天下也,先文德而后武力。凡武之兴也为不服也。文化不改,然后加诛。"这句话阐明的道理是( )。

A.治理国家要完全依靠文德

B.强调教育感化在治理国家中起着重要作用

C.圣德的皇帝都是靠文化治理国家

D.教育与武力对治理国家同等重要

5.在长期的生产劳动和社会生活中,广东人民创作了《赛龙夺锦》、《旱天雷》、《步步高》、《雨打芭蕉》等一大批富有岭南特色的经典音乐,享誉中外。这说明( )。

①人们在社会生活中获得和享用文化　②人们在实践中创造和发展文化
③文化就是人类的精神产品　④人民群众需要健康有益的文化

A.①②③　　　　B.②③④　　　　C.①②④　　　　D.①③④

6."巴渝新居好巴适,山哥山妹齐入住嘞,哎嗨,哎嗨,旱码头的花椒起索索,平坦的高速路通八方哟……"2011 年 6 月 3 日,重庆江津区李市镇居民唱起旱码头山歌,迎接端午节。

"下田插秧行对行，一对鲤鱼扁担长，小的拿来插秧吃，大的拿来过端午……"在当日的"旱码头山歌颂党恩、庆端午"专场上，《下田薅秧行对行》等一首首原汁原味的传统山歌展示了悠远历史的农耕文化，再现出淳朴敦厚的民风民俗，《旱码头的花椒起索索》《新农村建设新气象》等一曲曲融入现代气息的山歌脍炙人口，数千名观看的群众不时随声附和，拍手叫好。

为传承这百年民间艺术，从2009年起，当地学校启动了民间艺术特色"旱码头山歌"课题研究，筛选、整理出了一批符合学生年龄特点和艺术学习特点的优秀素材，编制成适宜传唱的乡土教材《李市山歌》，融入小学音乐教学课堂，对学生进行民间艺术特色教育，从小培养民间艺术文化修养。

运用所学知识分析说明上述材料体现的文化特点。

文化与经济、政治

【课标导读】

知识目标：理解文化与经济、政治的关系；认识文化的反作用；理解文化与经济和政治相互交融的特征；明确文化在综合国力中的地位和作用。

能力目标：培养辩证分析能力，分析不同文化所起的作用不同；培养运用理论分析现实问题的能力，运用文化对经济的作用分析我国提出的"文化强国"战略、"人才是第一资源"等观点。

情感、态度与价值观目标：通过日常生活中感受到的文化与经济、政治的相互影响的现象，体会文化与经济、政治的相互交融；深刻理解国家提出的"大力发展文化产业"的政策；认识到文化在综合国力竞争中的地位和作用越来越突出，提升中国特色的社会主义文化竞争力的必要性。

【知识逻辑】

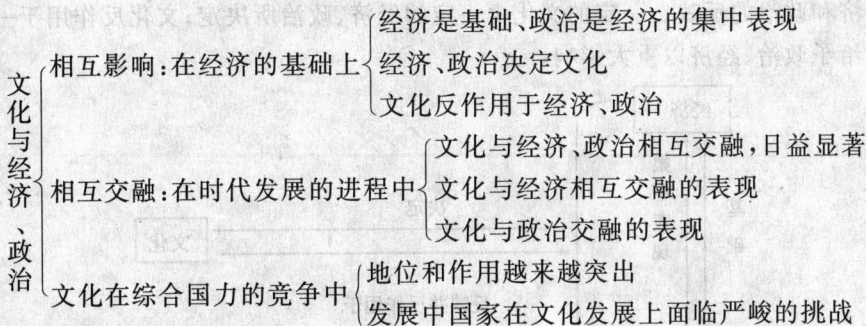

【自学导航】

1.社会生活的三个领域：_____、政治和_____。

2.经济、政治决定文化:经济是基础,政治是经济的集中体现。文化是_____、_____的反映。

3.文化对经济、政治具有反作用:_____、_____文化会促进社会的发展,_____、_____文化则会阻碍社会的发展。

4.文化与经济相互交融。

(1)在经济发展中,_____的作用越来越重要。

(2)图书出版、影视音像等_____产业迅速崛起,_____消费更加丰富,_____在现在经济总体格局中的作用越来越突出。

5.文化与政治相互交融。

(1)随着民主和法制建设的发展,人们为了参与政治生活,需要更高的_____。

(2)世界范围内反对_____的斗争,成为当代国际政治斗争的重要内容。

6.文化在综合国力竞争中的地位。

当今世界,各国之间综合国力竞争日趋激烈,_____越来越成为民族凝聚力和创造力的_____,越来越成为综合国力的重要因素。

7.积极搞好文化建设。

我国是世界上最大的发展中国家,要想在激烈的国际竞争中立于不败之地,必须把_____作为社会主义现代化建设的重要战略任务,激发全民族_____,提高国家_____,为经济建设提供正确的_____、不竭的_____和强大的_____。

8.在现代社会中,有人说:"经济文化化,政治文化化;文化经济化,文化政治化。"你是怎样理解这句话的?

9.中国是货物贸易出口大国,却是文化输出小国,文化产品贸易收支一直是赤字。我国在文化方面应该怎样面对严峻挑战?

【要点导释】

1.文化与经济、政治的关系。(文化对社会发展影响的具体化)

(1)相互影响:

经济、政治和文化是社会生活的三个基本领域。经济是基础,政治是经济的集中表现,文化是经济和政治的反映。一定的文化由一定的经济、政治所决定;文化反作用于一定的政治、经济,给予政治、经济以重大影响。

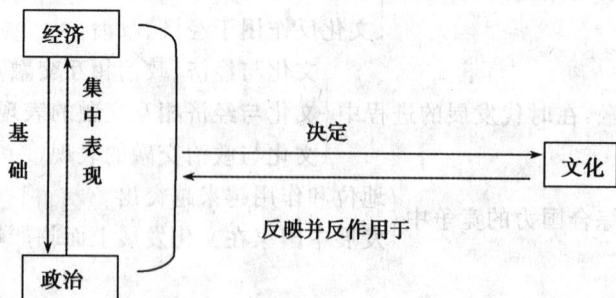

应注意的问题:

①经济发展是文化发展的基础。但这并不意味着文化的发展始终与经济的发展亦步亦趋。文化有其自身的传承性和相对的独立性。

②不同的文化对经济、政治的影响不同,对社会发展的作用也不同。先进的、健康的文化会促进社会的发展;落后的、腐朽的文化则会阻碍社会的发展。

(2)相互交融:

①文化与经济相互交融。在经济发展中,科学技术的作用越来越重要。为推动经济建设、发展教育事业、培养各种高素质人才,提高劳动者素质越来越重要。文化生产力在现代经济的总体格局中的作用越来越突出,文化产业是经济的重要组成部分。

②文化与政治相互交融。随着民主和法制建设的发展,人们为了参与政治生活,需要更高的文化素养。世界多极化的发展,使文化霸权与世界范围内反对文化霸权主义的斗争,成为当代国际政治斗争的重要内容。

2.理解文化在综合国力竞争中的地位和作用越来越突出。

(1)文化在综合国力竞争中的意义:当今世界,各国之间综合国力竞争日趋激烈,文化越来越成为民族凝聚力和创造力的重要源泉,越来越成为综合国力竞争的重要因素。

(2)启示(即我国如何提高文化竞争力):我国是世界上最大的发展中国家,要想在激烈的国际竞争中立于不败之地,必须把文化建设作为社会主义现代化建设的重要战略任务,激发全民族文化创造活力,提高国家文化软实力,为经济建设提供正确的方向保证、不竭的精神动力和强大的智力支持。

应注意的问题:

综合国力是一个主权国家所拥有的全部实力及国际影响力的合力。它包括经济、政治、科技、军事、外交、文化、精神等实力,以及其赖以存在的地理环境、自然资源、人口等基础实力。

【高考在线】

1.(2009 福建卷)2008 年 6 月 18 日,中国邮政发行了《海峡西岸建设》特种邮票和邮资封。《海峡西岸建设》特种邮票形象地展示了海峡西岸经济区经济社会发展成就。由此可见(   )。

A. 文化成为地方经济发展的主要标志

B. 文化能够反映经济社会发展状况

C. 邮票成为展示文化软实力的载体

D. 发行邮票已成为文化传播的主要途径

答案:B。

解析:一定的文化由一定的经济政治所决定。经济是基础,文化是经济政治的反映,故B项正确地反映了题意;A项夸大了文化的作用,认为文化是经济发展的标志是错误的;C项说法夸大了"邮票"的作用;商贸活动、人口迁徙、教育是文化传播的主要途径,故D项错误。

2.(2010 北京卷)《阿凡达》是一部运用 3D 技术制作的电影,目前已创造了超过 27 亿美元的全球票房,并带动了 3D 相关产业的发展。这体现了(   )。

①文化对经济的重大影响　②文化是政治经济的反映
③文化生产力的日趋重要　④文化以经济发展为基础
A.①②　　　　　B.①③　　　　　C.②④　　　　　D.③④
答案:B。

解析:"运用3D技术制作电影"是文化现象,"创造27亿元的全球票房""带动了3D相关产业的发展"是强调文化对经济的重大影响,文化生产力的重要性。②④与题干主旨不一致。答案选B。

3.(2011安徽卷)阅读材料,回答下列问题。

2011年初,随着"中国国家形象片"——《人物篇》和《角度篇》在一些国家的热播,"中国形象"成为媒体热议的话题。

话题:文化是国家形象的灵魂

文化在中国国家形象的塑造和推广中发挥着重要作用,如蕴含着团圆、和谐理念的中国春节,日益成为中外文化交流的平台,也带来了新的商机;孔子学院的发展使越来越多的外国人了解中国;"杂交水稻之父"袁隆平的科技创新成就赢得了世界赞誉——中华文化的发展和传播扩大了中国的影响力,提升了国家形象,增强了炎黄子孙的民族自豪感。

运用文化作用的知识,谈谈你对上述材料的理解。

答案:文化作为一种精神力量,对社会发展产生深刻影响。文化反作用于经济。中华文化的发展和传播为我国经济的发展带来机遇,也给世界带来商机。文化越来越成为综合国力竞争的重要因素。中华文化的发展和传播提高了我国文化软实力,提升了中国国家形象。优秀文化能丰富人的精神世界,增强人的精神力量。更多的人通过中华文化了解了中国,中国国家形象的提升增强了中华民族的自尊心和自信心。

解析:本题考查文化对社会发展的影响。答题时,应从文化与政治的关系、文化与经济的关系、文化对国家综合国力的影响的关系等方面来组织答案。

【合作探究】

韩国文化体育观光部和韩国文化振兴院颁布了"2010全球推广计划"9部获选作品,其中Bluehole studio开发的MMORPG《TERA》,获选作品将获得5亿韩元(约￥283万)的支援资金。韩国"全球推广计划"是韩国文化体育观光部和韩国文化振兴院力推的项目,该项目集中选定优秀的连续剧、游戏、动画作品给予支持,以攻克中国、美国等重点市场为目标。本次中选作品是通过美国、中国当地审核等5阶段评价过程评选出来的。评价团预计相关作品在未来5年内将创造1万亿韩元(约￥56.62亿)以上的收益。在全球化的当下,文化入侵已经成为一把利器,推动经济发展。

运用所学的文化生活知识,回答下列问题:

(1)结合当今国际竞争的形势,说明我国加强文化产业建设,提高国家文化实力的原因。

(2)面对严峻的国际竞争的形势,我国应如何应对?

【学习体验】

课堂体验

1. 下列关于经济、政治、文化关系的说法正确的是（　　）。

A. 经济是基础，政治是经济的集中表现，文化是经济和政治的反映

B. 一定的政治由一定的经济、文化所决定，又作用于一定的经济、文化

C. 经济发展是文化发展的基础，文化的发展始终与经济的发展亦步亦趋

D. 文化有其自身的传承性和相对的独立性

2. 文化与政治相互交融，下列现象能够体现这一观点的是（　　）。

①国际经济和科技竞争越来越围绕人才和知识的竞争展开

②随着民主和法制建设的发展，人们为了参与政治生活，需要更高的文化素养

③世界范围内反对文化霸权主义的斗争，成为当代国际政治斗争的重要内容

④当今世界国际竞争的实质是以经济和科技实力为基础的综合国力的较量

A. ①③④　　　　　B. ②③　　　　　C. ③④　　　　　D. ②③④

3. 江苏省华西村在发展过程中坚持"既富口袋，又富脑袋"，这正是华西村保持发展活力的秘诀所在。华西村在发展过程中，口袋富了不忘富"脑袋"，这是因为（　　）。

A. 文化是由人所制造的

B. 文化对社会的发展具有巨大的促进作用

C. 精神产品离不开物质载体

D. 优秀文化能够为经济建设提供精神动力和智力支持

4. 春秋战国时期，社会经济发展比现在落后，但当时的诸子百家，群星灿烂，是中国文化史上的一个黄金时代。《孙子兵法》至今为兵家经典，甚至被应用于当代企业管理，这一事实主要说明（　　）。

A. 一定的文化由一定的经济、政治所决定

B. 文化具有相对独立性

C. 文化对社会生产方式产生重大影响

D. 文化是经济的集中表现

5. 近年来，"国家年"、"文化年"等形式的交流活动日益活跃。2011 年 5 月 20 日，"2011年意大利中国西藏文化周"研讨会在罗马音乐公园举行，8 位来自中国西藏自治区政府的代表和意大利相关专家学者等就藏学领域中的传统文化、人文艺术和生态保护等议题进行了交流和讨论。这表明（　　）。

A. 文化力量成为综合国力的基础

B. 国家重视软实力在综合国力建设中的作用

C. 中俄之间已经形成既合作又竞争的局面

D. 中俄之间不存在矛盾和冲突

课外体验

1.（2010 广东学业水平考试）下列关于文化与经济、政治关系的表述正确的是（　　）。

A.一定的文化由一定的经济、政治所决定

B.文化是基础,政治和经济是文化的反映

C.一定的政治、经济由一定的文化所决定

D.文化与经济相互交融,与政治互不相关

2.“文化的力量,深深熔铸在民族的生命力、创造力和凝聚力之中”主要强调了（　　）。

A.经济复兴是民族复兴的基础

B.政治文明是民族复兴的保证

C.文化复兴是民族复兴的灵魂

D.民族复兴是经济、政治和文化的三位一体

3.近年来,英国文化产业平均发展速度是整个经济增长率的近两倍,年产值近 600 亿英镑,从业人员占全国总就业人数的 5％,每年的出口额达 80 亿英镑,大大地促进了英国经济的发展。这段话说明（　　）。

A.文化与政治相互交融

B.文化产业是一个国家发展的中心环节

C.文化对经济有反作用,文化生产力在现代经济的总体格局中的作用越来越突出

D.文化是第一生产力,要大力发展文化产业

4.随着文化产业的兴起,精神文化生产日益走上社会经济生活的前台,在思想文化和经济生活两个方面都构成国家和社会的“核心竞争力”。这一事实说明（　　）。

A.文化在综合国力竞争中的作用越来越突出

B.文化产业是人类社会存在和发展的基础

C.文化的力量是综合国力的唯一标志

D.文化是人类创造的全部财富的总和并决定着社会的发展进程

5.近几年,世界各地出现的“汉语热”,到 2011 年 6 月,全球有近 400 所孔子学院成立,这一现象也折射出中国经济持续增长的巨大潜力。这个观点肯定了（　　）。

A.经济发展是文化发展的基础　　　　　B.文化与政治相互交融

C.文化是一种精神力量　　　　　　　　D.文化教育对经济具有重大影响

6.（2010 江苏卷）世博会被誉为世界经济、科技、文化的“奥林匹克”盛会。从 1985 年英国伦敦的第一世博会开始,人类找到了一种大规模文明交流的新形势。世博会成为多国文化融汇和最新科技展示的平台,也是一个国家文化软实力集中展示和提升的重要途径。

上海世博会对中国的意义,不仅在于向世界展示中国的发展的巨大成就,更重要的是要充分利用世博会的影响,大力提升中国文化软实力,实现中华民族的伟大复兴。

发帖:如何以世博会为契机进一步提升我国的文化软实力?

跟帖:经济发展了,文化软实力就自然提升了。

请运用《文化生活》的有关知识,评析跟帖中的观点,并针对发帖中的问题提出你的看法。

第二课　文化对人的影响

"刮痧"的遭遇

电影《刮痧》反映的是一个旅美家庭在美国的尴尬遭遇。影片的主人公,孩子的父亲因为给发烧的儿子"刮痧"(一种中医治病方法),而被美国的司法机关拘捕,理由是侵犯了孩子的"人权",并被剥夺了对孩子的监护权。

讨论思考:为什么在美国用中国普遍使用的刮痧疗法治病却被认为是虐待儿童? 这说明了什么问题?

感受文化影响

【课标导读】

知识目标:识记文化对人的实践活动、认识活动、思维方式的影响。理解文化对人的影响的特点。

能力目标:培养学生正确的交往方式和思维方式。

情感、态度与价值观目标:培养学生正确的世界观、人生观、价值观,丰富精神生活;接受优秀文化,促进自身全面发展。

【知识逻辑】

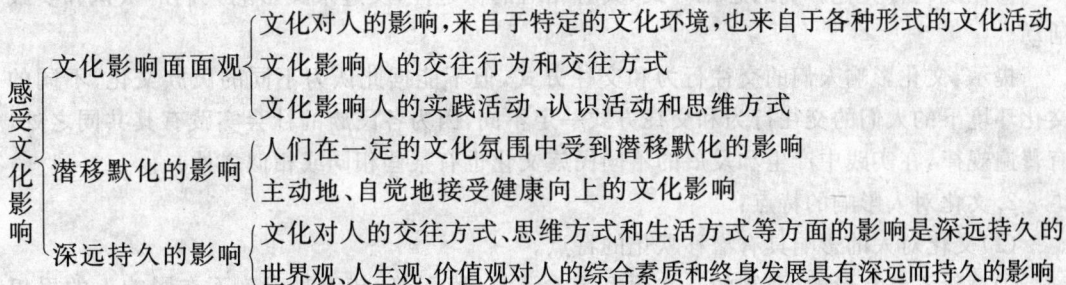

【自学导航】

1.第一课是从_____角度看文化,第二课是从_____的角度看文化。

2.文化是人类特有的现象。文化是由_____所创造、为人类所特有的,纯粹"自然"的东西不能成为文化。有了_____才有文化,文化是人们_____的产物。

3.文化对人影响的来源。文化是人创造的,文化又影响着每一个人,文化对人的影响,来自特定的_____,来自于各种形式的_____。

4.文化对人影响的表现。文化影响人们的_____和_____;文化影响人们的____

_____、_____和_____。

5.文化对人影响的特点。

(1)_____的特点。一般不是_____、_____。（从影响的过程看）

(2)_____的特点。无论是表现在_____、_____,还是表现在_____的其他方面,都是_____。（从影响的效果看）

世界观、人生观、价值观是人们文化素养的核心和标志,一经形成,就具有确定的方向性,对人的_____和_____产生深远持久的影响。

6.物质文明与精神文明建设的关系是_____,_____。

7.辨析:文化环境决定一个人的文化素养。

8.辨析:文化对人的影响是深远持久的,是一成不变的。

【要点导释】

1.文化对人影响的表现:

(1)文化影响人们的交往行为和交往方式。

①不同时代、不同民族、不同地域,以及不同阶级、阶层的人们,进行各种社会交往的方式,都带有各自的文化印记。

②交往方式中的文化影响,有的取决于价值观念,有的源于风俗习惯、文化程度等。

(2)文化影响人们的实践活动、认识活动和思维方式。

①不同的文化环境、不同的知识素养、不同的价值观念,都会影响人们认识事物的角度以及认识的深度和广度,影响人们在实践中目标的确定和行为的选择,影响不同思维方式的形成。

②体现各种文化影响的思维方式,具有相对的稳定性,反过来又影响人们的认识和实践活动。

提示:文化影响人们的交往行为和交往方式,但不能据此认为不同的民族文化、不同的文化环境下的人们的交往行为和交往方式一定不同,因为各民族的社会实践有其共同之处,有普遍规律,在实践中产生和发展的不同民族文化也有某些相同或相似之处。

2.文化对人影响的特点:

(1)文化对人的影响具有潜移默化的特点。

①一般不是有形的、强制的。文化氛围看不见、摸不着,却无时无刻不在影响人的思想和行为。

②参加健康向上的文化活动,不仅能够使人获得一定的专业知识,增强劳动技能,而且能够使人得到精神上的愉悦、情操上的陶冶,提高人的审美水平、道德素养。

③文化的影响即使是通过潜移默化的方式发生的,也不都是消极被动、无目的地接受的,人们接受健康向上的文化影响,往往是自觉学习、主动感悟文化熏陶的过程。

(2)文化对人的影响具有深远持久的特点。

①文化对人的影响,无论表现在交往方式、思维方式上,还是表现在生活方式的其他各

个方面,都是深远而持久的。

②世界观、人生观、价值观是人们文化素养的核心和标志。一个人的世界观、人生观、价值观是在长期的生活和学习过程中形成的,是各种文化因素交互影响的结果。世界观、人生观、价值观一经形成,就具有确定的方向性,对人的综合素质和终身发展产生深远持久的影响。

提示:

第一,在各种各样的文化活动中,人们得到思想启示、精神享受、情感陶冶等,无不是在潜移默化中进行。

第二,文化对人的影响尽管是深远持久的,但并不是一成不变的,随着时间的推移,人们业已形成的观念、思维方式等也会发生相应的改变。

第三,潜移默化与深远持久的区别:"潜移默化"强调的是文化对人影响的无形性和非强制性;"深远持久"强调的是文化对人影响的持续性和稳定性。前者更强调影响的方式,后者更强调影响的时效性。

【高考在线】

1.(2009 天津卷)某校开展了以"纪念新中国成立 60 周年"为主题的读书活动。开展这项活动,有利于激发学生的爱国热情,增强其历史使命感和责任感,有利于引导学生把握人生道理、实践人生追求。这是因为(   )。

①文化能促进社会的全面发展   ②文化对人具有潜移默化的影响
③有文化知识才会有崇高的道德   ④文化作为精神力量能转化为物质力量

A.①②   B.②④   C.①③   D.③④

答案:B。

解析:本题承接上一题,以"纪念新中国成立 60 周年"为背景,考查的是对文化的作用这一核心知识点的理解。旨在考查学生调动和运用知识的能力,该题属于中等难度题。③小项不准确,并非只有文化知识才会有崇高的道德。①小项不合题意,亦不准确,文化能促进人而不是社会的全面发展。只有②、④小项准确地体现了题干的关键词"激发、增强""把握、实践"。

2.(2010 福建卷)上海世博会福建馆茶文化的展示让许多游客叹为观止。一位美籍华人欣赏了茶艺表演后,感叹道:"太精彩了! 这一表演让我们享受到了美,也让我们感受到祖国茶文化的博大精深。"这反映(   )。

A.文化对人的影响是潜移默化的

B.优秀文化在交流与借鉴中创新

C.文化对人的影响是深远持久的

D.优秀文化能增强人们的精神力量

答案:A。

解析:本题结合时政热点世博会考查文化对人影响两方面特点的辨析。美籍华人欣赏了世博会福建馆茶文化的展示后,深受感染,由衷发出感叹,说明文化对人的影响是潜移默化的,C深远持久则不选。其它选项本身表述无误,但题干未涉及文化之间的交流,和人们在文化的感染下,力量的增强,故 B、D 二项与题意无关。

3.(2010 年天津卷)法国哲学家爱尔维修有句名言:"人是环境的产物。"某论坛上,主讲人让听众写下与自己关系最密切的 6 个朋友,并指出他们月收入的平均数大致就是你的月收入。测试结果的准确程度让所有听众惊讶不已。物以类聚,人以群分。每个人的朋友圈子都是一个特定的文化环境,它彰显着你的现在,也预示着你的未来。这种现象说明( )。

A. 文化决定人们的交往行为和交往方式

B. 文化影响人们的实践活动和思维方式

C. 文化改变人们的价值观念,丰富精神世界

D. 文化提高人们的道德修养,塑造完美人格

答案:B。

解析:材料中文化环境"彰显着你的现在,也预示着你的未来",说明文化影响人们认识事物、进行实践的方式和思维方式,而非人们的交往行为和方式。C、D 项说法不准确,因为文化有高尚、先进、优秀与庸俗、落后、腐朽之分。

【合作探究】

文化战争。所谓"文化战争",不同于一般单纯意义上的文化之间的争斗和碰撞,而是世界范围内进行的文化大战,这是一场没有硝烟的战争。应当看到,现在的世界并不太平,美国在冷战结束后成为世界唯一的超级大国,它凭借其军事、经济的实力,向世界各国输出其文化产品。现在发达国家向发展中国家倾销其精神产品、文化产品,输出的是美国大片……这场文化侵略的后果要比当年军事侵略、经济掠夺的后果严重得多。

请就你身边的"哈韩"、"哈日"、"哈美"等现象谈谈你的看法。

【学习体验】

课堂体验

文化是人创造的,文化又影响着每一个人。据此回答 1~2 题。

1.文化对人的影响表现在方方面面。下列表述体现文化对人的影响的是( )。

A.风和日丽   B.鸟语花香   C.枯木逢春   D.乡音难改

2.文化对人的影响来自( )。

①特定的文化环境　②各种形式的文化活动

③人们自身的文化素养　④人们自身的价值现象

A.①②   B.③④   C.①③   D.②④

3.下列交往方式和思维方式能体现文化影响的是( )。

①握手是中国人常见的见面礼节;拥抱是欧美常见的见面礼节　②中国人的名字是姓在前名在后;欧洲人的名字一般是名在前姓在后　③互换礼物时中国人一般不会立即打开礼物;美国人会立即打开礼物并表示感谢　④中国人写信封,地址都是从大到小排列;欧洲人写信封,地址都是从小到大排列

A. ①②　　　　　B. ①②③　　　　　C. ③④　　　　　D. ①②③④

4. 不管是中国内地、港澳台地区，还是在其他国家的华人，每到清明都会祭祖扫墓、端午吃粽子赛龙舟、中秋赏月、重阳登高、除夕吃年夜饭。这说明（　　）。

A. 传统文化具有绝对稳定性

B. 传统习俗在不断发展

C. 传统文化在社会生活各个方面延续

D. 传统文化影响着人们的行为方式

5. 美国人较为轻松地对待子女的教育，喜欢让子女实现自我价值，并不追求高学历、好职业等功利性的目标。而中国人一般希望把孩子培养成"才"，将来有出息，有个好职业，一生能在顺境中度过。中美两国的这种差异表明（　　）。

A. 文化环境决定着人们的价值取向

B. 不同的文化教育环境影响人们在实践中目标的确定和行为的选择

C. 美国人的思维方式比中国人的思维方式优越

D. 一定的文化环境中只能产生一种思维方式

课外体验

1. 几位同学相约游览泰山，看到沿途的崖刻和寺庙建筑等文物、古迹，有人不禁吟咏起杜甫"会当凌绝顶，一览众山小"的诗句。同学们深深感受到祖国山河的壮丽和历史的悠久，一股自豪感油然而生。这说明（　　）。

A. 文化对人具有潜移默化的影响

B. 杜甫的诗句脍炙人口

C. 文化氛围看不见、摸不着

D. 人们总要在一定的文化氛围中生活

2. 长城是被列为世界文化遗产名录的中国古代伟大工程，是中华民族精神的象征。参观者无不为之深受震撼，并感受到祖国历史的悠久和我国古代劳动人民的聪明才智，民族自豪感油然而生。这表明（　　）。

A. 文化对人的影响是消极被动的、无目的的

B. 文化对人的影响具有潜移默化的特点

C. 文化对人的影响具有深远持久的特点

D. 文化对人的影响是有形的、强制的

3. 中国人待客时"聊备薄酒"的自谦，可能被外国人误解为"慢待客人"；西方人聚餐时各付各的账，往往被东方人视为吝啬小气；东西方用语习惯的不同，常常产生误解，闹出笑话。这说明（　　）。

A. 文化的差异影响人们之间的交往

B. 文化的差异体现民族文化的优劣

C. 文化的差异是不同意识形态的反映

D. 文化的差异是交往不可逾越的障碍

4. 阅读文学作品、欣赏艺术表演、外出旅游观光、参加体育活动等,或得到思想的启示、精神的享受;或产生思想的困惑、精神的失落。对此认识正确的是(   )。

①文化对人的影响具有潜移默化的特点,一般不是有形的、强制性的   ②文化对人的影响是通过一定的文化形式来实现   ③文化氛围看不见、摸不着,但无时无刻不在影响人的思想和行为   ④文化消极地影响人的思想

A.①②③   B.①③④   C.②④   D.①②④

5. 遍种菊花献哀思,轻点白烛暖故人——2011年5月12日,"汶川地震三周年祭"成为网上最热门搜索。在不同的网络平台上,国内网民不约而同地自发参与网上"5·12周年祭",用虚拟的网络语言表达真实的民族大爱。网络语言成为人们的交流工具,这体现了(   )。

A.文化影响人们的交往方式

B.文化影响人们的实践活动

C.文化影响人们的认识活动

D.文化影响人们的思维方式

6. 2010年,在中华人民共和国成立61周年之际,人民网推出网上爱国主义教育大型互动专题——"爱我中华"网民总动员,旨在为广大网民提供一个认识祖国、表达爱国热情、弘扬爱国主义精神的互动交流平台。很多网民留言,通过这一平台使自己对祖国、对英模的认识大大加深了,也更加激发了自己的爱国热情。

结合材料,运用所学知识回答活动是怎样激发网民的爱国热情的。

文化塑造人生

【课标导读】

知识目标:赏析优秀文化产品,感悟积极向上的文化生活;理解优秀文化如何丰富人的精神世界,增强精神力量。

能力目标:提高对文化的感悟能力、欣赏能力和分析问题的能力;教育学生接受优秀文化,促进自身全面发展。

情感、态度与价值观目标:培养学生形成正确的世界观、人生观、价值观,树立不断追求自身全面发展的远大理想。

【知识逻辑】

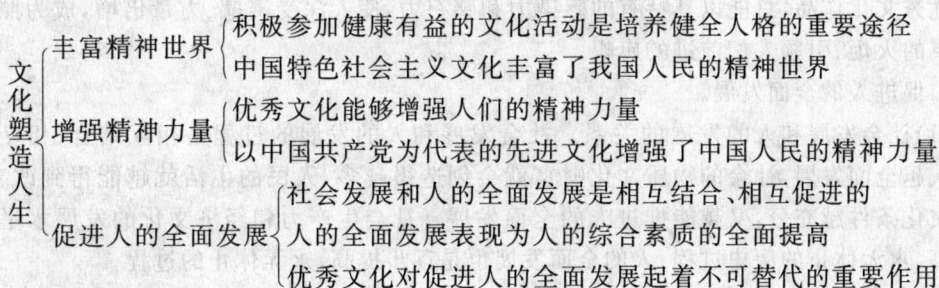

【自学导航】

1.积极参加_____,不断丰富_____,是培养健全人格的重要途径。

2.空前繁荣的_____,成为我国人民精神世界的主流。

3.优秀文化增强_____,激励人们不断创造美好幸福的生活;优秀文化作品,总能以其特有的_____和_____,使人深受震撼、力量倍增,成为照亮人们心灵的火炬、引领人们前进的旗帜。

4.中国共产党所代表的先进文化给予中国人民无穷的精神力量。

5.优秀文化能够促进人的全面发展。社会发展和人的发展的过程_____、_____。

6.人的全面发展,表现在人的_____和_____等方面得到全面提高。

(1)纵向理解(动态):人的全面发展是逐步提高、永无休止的过程,具有渐进性和长期性。

(2)横向理解(静态):人的全面发展是素质的全面提高,包括思想道德素质、科学文化素质和健康素质等各方面。

7.优秀文化为人的健康成长提供不可缺少的_____,对促进人的_____起着不可替代的作用。

8.辨析:人的发展与社会的发展是同步的。

【要点导释】

1.丰富精神世界。

(1)文化"丰富精神世界",这里的文化是指优秀文化。文化对人的精神世界的影响主要体现在对个人人格的塑造上,不同的文化环境对人格的形成具有不同的影响。优秀的文化作品,能够使人的心灵得到净化,思想境界得到提升,对人们的人格形成产生积极的影响。

(2)积极参加健康有益的文化活动,不断丰富自身的精神世界,是培养健全人格的重要途径。

(3)中国特色社会主义文化的作用。

改革开放以来,空前繁荣的中国特色社会主义文化,开阔了人们的视野,促进了思想解放和观念更新,人们的自立意识、竞争意识、效率意识和民主法制意识大大增强,爱国主义、集体主义、社会主义思想,科学文明、开拓进取、健康向上的思想观念和道德风尚,成为我国人民精神世界的主流。

2.增强精神力量。

优秀文化作品,总能以其特有的感染力和感召力,使人深受震撼、力量倍增,成为照亮人们心灵的火炬、引领人们前进的旗帜。

3.促进人的全面发展。

(1)社会发展和人的发展的关系。社会发展和人的发展的过程是相互结合、相互促进的。人越全面发展,社会的物质文化财富就会创造得越多,人民的生活就越能得到改善,而物质文化条件越充分,又越能推进人的全面发展。社会生产力和经济文化的发展水平是逐步提高、永无休止的历史过程;人的全面发展也是逐步提高、永无休止的过程。

(2)人的全面发展的内容。人的全面发展,表现在人的思想道德素质、科学文化素质和健康素质等各方面得到全面提高。优秀文化为人的健康成长提供不可缺少的精神食粮,对促进人的全面发展起着不可替代的作用。

提示:

(1)文化塑造人生,这里的"文化"是指优秀文化、先进文化、健康文化。

(2)人作为有生命的存在物,既有物质需要,也有精神需要。

(3)人的精神世界的丰富和精神力量的增强是统一的。

(4)人的全面发展是一个历史范畴,在不同的历史时期,人的全面发展的具体要求和内容也不同。

【高考在线】

1.(2009 天津卷)某校开展了以"纪念新中国成立 60 周年"为主题的读书活动。开展这项活动,有利于激发学生的爱国热情,增强其历史使命感和责任感,有利于引导学生把握人生道理、实践人生追求。这是因为(   )。

①文化能促进社会的全面发展   ②文化对人具有潜移默化的影响

③有文化知识才会有崇高的道德   ④文化作为精神力量能转化为物质力量

A.①②   B.②④   C.①③   D.③④

答案:B。

解析:本题以"纪念新中国成立 60 周年"为背景。主题是"纪念新中国成立 60 周年"读书活动的作用。考查的是对文化的作用这一核心知识点的理解。旨在考查学生调动和运用知识的能力,该题属于中等难度题。③小项不准确,并非只有文化知识才会有崇高的道德。①小项不合题意,亦不准确,文化能促进人而不是社会的全面发展。只有②、④小项准确地体现了题干的关键词"激发、增强""把握、实践"。故选 B 项。

2.(2011 北京卷)人类与环境的协调发展日益受到全世界的关注,1974 年联合国将每年的 6 月 5 日定为世界环境日。

2011 年世界环境日的中国主题是"共建生态文明,共享绿色未来"。为唤起公众对环境与发展关系的情形认识和自觉行动,有关部门发布《全国环境宣传教育行动纲要(2011－2015 年)》,提出每个公民都应该树立正确的生态环境道德观,成为生态文明建设的宣传者、实践者、推动者。

运用《文化生活》中有关文化对人的影响的知识,说明加强环境宣传教育的意义。

答案：①文化影响人们的实践活动、认识活动和思维方式。加强环境教育,有助于人们清醒认识环境与发展的关系,转变思维方式,采取自觉行动。②文化能产生潜移默化、持久深远的影响。加强环境宣传教育,有助于营造全社会重视环保的文化氛围。③文化丰富人的精神世界、增强人的精神力量。加强环境宣传教育,有助于提高人的道德修养,促进人的全面发展。

解析:本题综合考查《政治生活》第二课《文化对人的影响》,分值为9分,展现书本知识,结合环境宣传教育谈意义即可。难度不太大。

【合作探究】

根据把我军建设成为一支现代化军队的历史需要,某部队坚持用先进的思想文化塑造军旅人生。一方面是通过正常的政治信念教育;另一方面就是多为广大官兵提供主旋律与多样化相统一的文艺作品,让广大官兵从文艺作品中吸取丰富的精神营养,陶冶高尚的情操。

通过学习先进的优秀军事思想文化,培养了战士们高尚的阅读情趣。如阅读中外优秀军事文学名著,丰富自己的心灵,陶冶自己的情操。其次,培养了战士们用先进文化陶冶情操的自觉精神,使他们懂得去爱党、爱祖国、爱我们的民族和人民。在革命战争年代和和平时期涌现出来的一大批先进优秀人物,无论是张思德、董存瑞、黄继光、邱少云,还是雷锋、徐洪刚、苏宁、李向群,他们的事迹,激发了战士们对党和人民的热爱和对军人职责的高度忠诚。作为先进文化塑造的一代英模,以及反映以他们为代表的一代代优秀军人事迹的军事文艺,深深影响了今天每一个军人。

探究:结合所学文化生活知识,分析先进文化是怎样塑造军旅人生的。

【学习体验】

课堂体验

1.培养健全人格的重要途径是(   )。

A.积极参加健康的文化活动,不断丰富自身的精神世界

B.积极参加各种文化活动,不断丰富自身的精神世界

C.欣赏文学、音乐、绘画作品等

D.积极投身到现代化建设的实践中

2.刘向有句名言:"书犹药也,善读之可以医愚。"从文化角度理解,这句话的意思是说(   )。

①读书有助于丰富人的精神世界   ②读书有助于塑造健全的人格

③只要读书就可以形成健全的人格   ④读书是培养健全人格的唯一方式

A.①②③   B.①③   C.②③④   D.①②

3.人的全面发展,表现在人的(   )。

①思想道德素质得到全面提高   ②科学文化素质得到全面提高

③健康素质得到全面提高   ④学习水平得到全面提高

A.①②④   B.①③④   C.①②③④   D.①②③

4.美国经济学家约翰·肯德克对1929~1980年的美国经济做了数量分析。他测出,在这期间美国生产力的增长中,40%是由于知识和技术创新获得的,12%是由劳动力的知识文化素质的提高获得的。在工业发达国家,高科技、高文化大量进入企业,使当代产业结构发生根本性变化,经济中的科技、文化知识因素已日益跃居重要地位,脑力劳动者的数量迅速增加。以上材料表明(　　)。

A.人的素质的全面提高,有利于创造更多的社会物质文化财富

B.文化的发展促进了经济和政治的发展

C.文化知识已经成为社会经济发展的决定性因素

D.文化在工业发达国家发展中的作用日益显著

5.社会发展和人的发展过程是相互结合、相互促进的,表现在(　　)。

①人越全面发展,创造的社会物质文化财富就越多　②社会物质文化条件越充分,就越能促进人的全面发展　③社会发展必然带来人的全面发展　④人的全面发展表现为各方面素质的全面提高

A.①②③   B.①②④   C.②③   D.①②

课外体验

1.清华大学的"自强不息,厚德载物"、南京大学的"诚朴雄伟,励学敦行"、北师大的"学为人师,行为世范"等校训影响着一代代莘莘学子,这说明优秀文化能够(　　)。

①促进社会全面进步　②丰富人的精神世界

③增强人的精神力量　④促进人的全面发展

A.①②④   B.①③④   C.②③④   D.①②③

2."人的完美需要在文化中实现。"这句名言告诉我们(　　)。

A.要参加健康向上的文化运动

B.文化对人的影响是强制的

C.人的全面发展需要人们自觉学习、主动感悟文化

D.文化消费在生活中起着极其重要的作用

3.在全面建设小康社会的过程中,我们要把民族精神教育纳入国民教育全过程,纳入精神文明建设全过程,使全体人民始终保持昂扬向上的精神状态。这是由于(　　)。

A.文化能够丰富人的精神世界

B.文化能够增强人的精神力量

C.文化能够促进人的全面发展

D.人的思想意识对事物发展起着决定性作用

4.中国传统艺术如绘画、诗词、音乐、舞蹈、雕塑、园林等讲究意境。意境既是个人情感的流露,也是外在自然环境、社会环境的反映和再现;不是意与境的简单相加,而是意与境的和谐,产生独特的美感,这种情景交融的境界往往使人回味无穷。这说明(　　)。

A.文化能够丰富人的精神世界

B. 艺术创作是意识能动性的集中体现

C. 要积极参加健康有益的文化活动

D. 艺术创作不是由客观存在决定的

5.培根说过:读史使人明智,读诗使人聪慧,演算使人精明,哲理使人深刻,道德使人高尚,逻辑修辞使人善辩。由此可见( )。

①知识可以提高人的素养　②看书学习是获得知识的重要途径

③知识是前人经验的传承　④能力的提高仅仅来自书本知识

A.①②　　　　　　B.③④　　　　　　C.①③　　　　　　D.②③

6.2010 年 10 月 25 日是宁夏回族自治区成立 52 周年,在这 52 周年中自治区党委根据本地特点,提出了"小省区要办大文化"的思路。宁夏根据其"岩画文化、丝路文化、西夏文化神秘而璀璨;边塞文化、大漠文化、黄河文化悠远而豪放"的优势和特点,发展带有民间文化特色和塞上文化特色的旅游文化产业,实施"百县千乡文化工程"和"千里文明长廊工程",积极开展社区文化、校园文化、企业文化、农村文化等文化活动,带动了自治区经济、社会的发展。

运用所学文化生活知识,说明在经济相对落后的条件下"办大文化"的重要意义。

第二单元　文化传承与创新

第三课　文化的多样性与文化传播

"上厕所"的由来

古时朋友相逢称"携手",等于现代的握手。离别时称"解手"。宋秦观诗有:"不堪春解手,更为客停舟。"这是说春天朋友相逢,高兴得不能忍受离开,竟为朋友停舟不归。可是到了明代,这个充满友情的词,就变成了另一种含义了。

明洪武、永乐年间,发现许多省份,有地广人稀、地狭人稠的现象,因此太祖、成祖多次下令,将人稠之地人民移往人稀之地。但人有安土重迁之习性,古人尤甚,谁也不愿离开土生土长的家乡,移往陌生之地,另行开疆创业。那时的山西洪洞、临汾、蒲绛等地人民,要移往河南、山东、河北、陕西等地。每次迁移,均以万户计,携家带眷,狼狈不堪,所以在未集结上路之前,每每有人逃亡。押解之官吏,为了防范人民逃走,把他们绳捆索绑,挽结串联,使其鱼贯而行。旅途漫漫,动辄数月,移民大小便时,就得请求官吏,把捆绑手臂的绳索解开,便后,再重新捆绑。时间一久,移民要求大小便时,便简单地呼叫:"我要解手!"从此这个词就成了"上厕所"的专有名词了。

(1)从"解手"一词词义的演变中,可以看出人口迁移对文化交流产生了怎样的影响?

(2)列举我国历史上出现的几次大规模的人口迁移,感悟其对中国传统文化传播的意义。

世界文化的多样性

【课标导读】

知识目标:了解不同民族文化的精粹及其差异,确认文化多样性的价值;理解世界各民族的长期交融,对现代文明的形成具有重要作用。

能力目标:从民族节日、文化遗产中感受文化多姿多彩的魅力;认同不同民族文化的差异性、尊重文化多样性。

情感、态度与价值观目标:尊重不同民族文化,促进文化的多样性。

【知识逻辑】

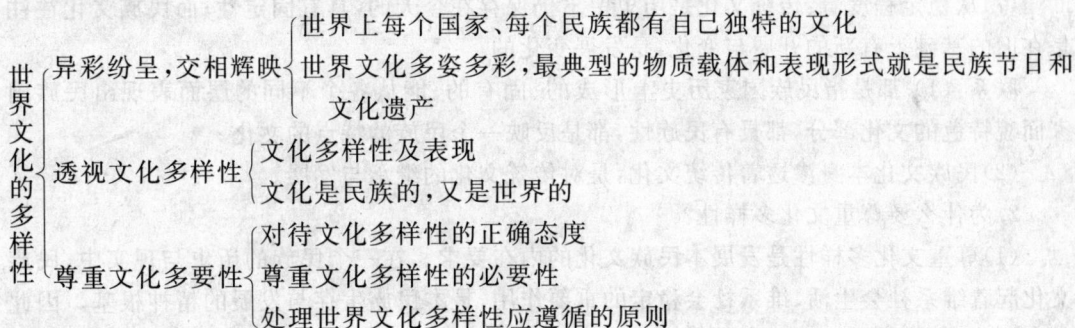

【自学导航】

1.民族文化是_____的重要标志,从_____和_____中,感受世界文化多姿多彩的魅力。

2.民族节日蕴含着民族生活的_____、_____和_____等文化因素,庆祝民族节日,是_____的集中展示,也是_____的集中表达。

3.文化遗产指的是在历史、_____或科学及_____、人种学、_____方面有着世界意义的纪念文物、建筑物、_____等;_____是一个国家和民族历史文化成就的重要标志;世界上的文化遗产,不仅对于我们研究人类文明的演进具有重要意义,而且对于_____具有独特作用。

4.文化是_____的,又是世界的;各民族间_____的和_____、历史的和地理的因素的不同,又决定了各民族文化之间存在着_____。

【要点导释】

1.传统文化与民族文化的关系。

区别:(1)含义不同:传统文化是指一个民族在长期历史发展中形成并保留在现实生活中的具有相对稳定性的文化;而民族文化则是指某一民族在历史和现今所共同创造的能够代表其民族共同特点的文明成果的总和。

(2)侧重点不同:传统文化更多的是指过去遗留或流传下来的文化内容,侧重于过去的文化;后者则更多的是指至今仍存在着、并不断发展更新着、表现着民族生活面貌和精神世界的文化内容,侧重于当今的文化。

(3)特点不同:传统文化具有相对稳定性,历史性,继承性;而民族文化主要特点是具有地域性。

(4)各有自己的参照物,并不在同一个层面上。传统文化往往是与现代文化相对而言;民族文化往往是与外来文化相对而言。

(5)性质来看:传统文化里面既有精华又有糟粕,性质呈现为中性;而民族文化是一个民族精神的体现,是正面肯定的。

(6)指向不同:传统文化的内涵,包含风俗、礼仪、信仰、习惯等,主要是一种道德与宗教的价值,也具有政治与教育的含义。民族文化的内涵,包含风俗等的层面,但更多指文化精神和价值系统,尤其是往往被赋予了现代的特殊价值,因而更多具有政治与教育的含义。

(7)从稳定程度看:传统文化是历史留下仍保存在今天的,具有固定性;而民族文化往往是在旧的基础上有新的开展与变化,是发展变化的。

联系:(1)都是指民族国家历史上形成的、固有的、能从各个不同的层面表现出民族国家面貌特色的文化部分,都具有民族性,都是反映一个民族的特点的文化。

(2)民族文化本身渗透着传统文化,是对传统文化的继承与发展。

2.为什么要尊重文化多样性?

(1)尊重文化多样性是发展本民族文化的内在要求。在一个民族的历史与现实中,民族文化起着维系社会生活、维系社会稳定的重要作用,是本民族生存与发展的精神根基。因此尊重文化多样性,首先要尊重自己民族的文化,培育好、发展好本民族文化。

(2)尊重文化多样性是实现世界文化繁荣的必然要求。一个民族的文化成就不仅属于这个民族,而且属于整个世界。世界上每一个民族都以其鲜明的民族特色丰富了世界文化,共同推动了人类社会的进步和发展。文化多样性是人类社会的基本特征,也是人类文明进步的重要动力。

(3)尊重文化多样性必须遵循各国文化一律平等的原则,在文化交流中,要尊重差异、理解个性、和平相处、共同促进世界文化的繁荣。

【高考在线】

1.(2010 高考·福建卷)福建省惠安女服饰以其"花头巾、短上衣、银腰带、大筒裤"的特色,在中华民族的服饰文化中独树一帜。它适应了当地劳动的需要,汲取了闽越文化、中原文化和海洋文化的精华,在漫长的发展过程中不断完善。这体现了(   )。

A.传统服饰文化对人们的物质和精神生活产生影响

B.继承传统文化必须辩证地认识它们在生活中的作用

C.服饰文化使中华文化呈现出多民族文化的丰富色彩

D.坚持文化的包容性是形成和保持文化特色的重要因素

答案:D。

解析:D。本题涉及考点包括文化的多样性、传统文化的特点与作用。解答本题的关键在于解读材料要抓住中心和关键词"独树一帜"和"汲取精华"。综合之,说明坚持文化的包容性是形成和保护文化特色的重要因素。A、C本身正确,但只说明第一层意思;B项与题意无关。

2.(2010 年高考·安徽卷)截至 2009 年 10 月,我国已有昆曲、端午节等 29 个项目被联合国教科文组织列入"人类非物质文化遗产代表作名录",跃居世界第一。重视文化遗产的保护是因为(   )。

①文华遗产是维系人类生存和发展的基础   ②文化遗产是人类历史文化成就的重要标志   ③保护文化遗产有利于研究人类文明的演进   ④保护文化遗产有利于实现人类文明的趋同

A.①②   B.②③   C.③④   D.①④

答案:B。

解析:本题考查考生对文化遗产的理解与运用能力。文化遗产是人类历史文化成就的重要标志,文化遗产不仅对于研究人类文明的演进具有重要意义,而且对于展现文化多样性具有独特作用。②③正确;④错误。尊重和保存不同的民族文化是人类生存和发展的基础,①错误。

【合作探究】

对于调整法定节假日,缩短"五一"假期,并增加端午节、清明节、中秋节等法定节假日,有人认为,西方经济发达,应该多过洋节,因为洋文化比我们的好;有人则认为,目前传统文化需要保护,增加传统节日为法定节假日,是一举两得。

辨题:民族节日是民族文化成就的重要标志,增加民族节日是对待文化多样性的正确态度。

【学习体验】

课堂体验

1.美国前总统里根曾经直言不讳地说:"政府要大力推动美国电影走向世界,因为好莱坞的电影走到哪里,就把美国的价值观念和商业利益带到哪里。"这表明(   )。

A. 文化产品贸易就是为了进行文化传播

B. 文化产品贸易具有文化传播的功能

C. 只有文化产品贸易才能进行文化的传播,其他贸易形式不具有

D. 文化传播的过程就是文化侵略的过程

2.尊重文化的多样性,首先要尊重自己民族的文化,培育好、发展好本民族的文化。这是因为(   )。

①每个民族的文化精粹都是这个民族历史发展的产物和人民智慧的结晶　②民族文化在民族的发展中起着维系社会生活、维持社会稳定的重要作用　③尊重文化的多样性是繁荣世界文化的必然要求　④民族文化是一个民族生存和发展的精神根基

A.①②③　　　　　　B.②③④　　　　　　C.①③④　　　　　　D.①②④

3."五十六个民族五十六枝花,五十六个兄弟姐妹是一家",这句歌词说明了我国(   )。

①各民族的独特文化都得到了尊重　②当前已不存在民族问题

③各民族在传统文化中无任何差别　④我国的传统文化是由各民族共同创造的

A.①④　　　　　　B.②③　　　　　　C.①②　　　　　　D.②④

4.由于各民族间经济的、政治的、历史的和地理的等多样因素的不同,决定了各民族文化之间存在着差异。因此,我们必须尊重文化的多样性,共同维护、促进文化的多样性。尊重文化多样性,首先要(   )。

A.尊重自己民族的文化　　　　　　B.尊重其他民族的文化

C.保护世界文化的多样性　　　　　　D.承认世界文化的多样性

5. "同一个世界,同一个梦想"。2008 年 8 月 8 日开幕的北京奥运会将成为全世界人民共同的盛大节日。北京奥运会将通过各种方式展现世界不同民族、不同地域文化的独特魅力,体现奥林匹克文化的包容精神。这是因为( )。

①尊重文化差异是繁荣世界文化的前提　②文化融合是文化发展的必然趋势

③各国都遵循各种文化一律平等的原则　④文化交流有利于维护世界文化的多样性

A. ①②　　　　　　B. ②③　　　　　　C. ①④　　　　　　D. ③④

课外体验

中国文化部部长孙家正和法国文化部部长德瓦布尔于 2005 年 1 月 25 日发表联合声明,对联合国教科文组织正在制定的《保护文化内容和艺术表现形式多样性国际公约》应力求实现的原则和目标进行了阐述。他们在联合声明中提出,文化多样性对于人类社会就如同生物多样性对于生物界那样必不可少,国际社会成员应共同担负起维护世界文化多样性的责任,同时国家有权采取支持措施促进文化多样性。据此回答 1~3 题。

1. 尊重文化多样性是( )。

①消除文化差异的必然要求　②发展本民族文化的内在要求

③缩小贫富差距的根本途径　④实现世界文化繁荣的必然要求

A. ①②　　　　　　B. ③④　　　　　　C. ①③　　　　　　D. ②④

2. 承认世界文化多样性、尊重不同民族的文化,必须遵循的原则是( )。

A. 各国文化一律平等　　　　　　B. 各国文化同步发展

C. 各国文化完全趋同　　　　　　D. 各国文化消除冲突

3. 由于世界各国民族的文化既有共性,也都有自己的个性和特色。下列关于文化多样性和独特性关系的表述,正确的是( )。

①有了世界文化的多样性,才有了民族文化的独特性　②有了民族文化的独特性,才有了世界文化的多样性　③只有维护好本民族文化的独特性,才能实现世界文化的多样性④只有实现世界文化的多样性,才能维护好本民族文化的独特性

A. ①③　　　　　　B. ②④　　　　　　C. ①④　　　　　　D. ②③

4. 文化是民族的,就是说( )。

A. 各民族都有自己的文化个性和特征

B. 不同民族的文化有着共同的东西

C. 各民族文化都是世界文化中不可缺少的色彩

D. 民族文化的差异性大于民族文化的共同性

5. 著名的人文学家费孝通在谈及文化的多样性时指出:各美其美,美人之美,美美与共,天下大同。"各美其美,美人之美"的基本含义是( )。

A. 承认本民族文化是尊重其他民族文化的前提

B. 只有发展好本民族文化,才能称誉世界

C. 既要认同本民族文化,又要尊重其他民族文化

D. 只有在民族平等的基础上,世界各国人民才能共同发展

6.不同的地域,有地域文化的差异。就世界范围而言,有东方文化、西方文化之分;就某一国家而言,如中国,则有中原文化、齐鲁文化、荆楚文化、巴蜀文化等各具特色的地方文化。

结合上述材料,回答:造成文化差异性,除了地域因素外,还有哪些因素?

文化在交流中传播

【课标导读】

知识目标:识记文化传播的途径、传媒和大众传媒的作用;理解大众传媒的出现是否意味着旧的传媒的消失,理解中外文化交流的意义;结合电视、互联网、电子读物或大众传媒的具体作用,分析大众传媒在文化传播中的作用。

能力目标:运用实例说明文化交流、传播的必要性,做文化传播的使者。

情感、态度与价值观目标:明确在保持自己传统文化精华的基础上,多种文化相互沟通、交流、理解、融合,共同构筑新世纪的多元文化。

【知识逻辑】

文化在交流中传播
- 生活中的文化传播 { 文化传播的含义 / 文化传播的途径
- 大众传媒:现代文化传播的手段 { 文化多样性及表现 / 文化是民族的,又是世界的
- 文化交流:做传播 { 历史上中外文化的交流及其表现
- 中华文化的使者 { 做中外文化交流的友好使者是时代赋予我们的使命

【自学导航】

1._____的过程,就是文化传播的过程。人们通过一定的方式传递知识、_____、_____、情感和信仰,以及与此有关的所有社会交往活动,都属于_____。

2._____、_____、_____是文化传播的重要方式和途径。

3.传播媒介,简称为_____,经历了_____等发展阶段。传媒真正开始面向大众传递信息,是以_____的推广为标志的。

4.大众传媒的形式:_____、_____、_____、网络等;依托_____的大众传媒,已成为当今时代文化传播的主要手段。

5.历史上中外文化相互_____和_____,促进了中华文化和世界文化的_____。当今世界,科学技术突飞猛进,经济全球化趋势不断发展,我们既要_____,又要把中华文化推向世界,做中外文化交流的_____。

【要点导释】

(1)世界文化全球化趋势的出现,必然弱化民族文化的多样性。

各民族的文化不但要吸纳外族的先进文化,同时也必须保持自己的民族特色,这样才会

有生命力。没有民族的文化也就无所谓世界文化。多元的世界文化使世界更加丰富多彩。

（2）大众传媒的发展将促使旧的传媒的消失。

依托于现代信息技术的大众传媒，能够最大限度地超越时空的局限，汇集来自各地的信息，显示出其文化传递、沟通、共享的强大功能，已成为文化传播的主要手段。但是旧的传媒并没有消失，仍在当今的文化传播中发挥着重要作用，具有传播渠道多、方法灵活、反馈及时等特点。

（3）文化传播的途径和手段的关系。

任何文化传播的方式和途径都要借助一定的文化传播手段，文化传播手段的发展进一步促进了文化传播。如教育是文化传播的重要方式和途径，而教育方式的改变，伴随着文化传播媒介性质的改变而改变。纵观人类文化传播媒介的发展，每一个新的阶段的诞生，就导致了教育方式的一次大的变革。

文字诞生以后，就有了教育。但是早期的教育，由于媒介数量少，不能复制，而且价格昂贵，拥有媒介只能是少数特权统治阶级。印刷时代的到来，使教育在一定程度上开始逐渐脱离少数特权统治阶级而成为普通百姓也享有的权利。电子媒介的产生更进一步促进了文化传播的扩张，"地球上每一块有人居住的地方的上空都充满了电磁波"，电视、广播、网络使教育脱离了狭小的课堂，走向了更为广阔的空间。在文化传播媒介日益走向大众化和普及化的过程中，教育也随之走向大众化，尤其是网络传播的发展，对教育的普及更是起到了推波助澜的作用。由于网络传播具有范围广、传输速度快、交互性强等特点，网络教育作为一种文化传播方式，真正突破了学校和地域甚至国家的界限，成为面向全体大众的一种教育。从单纯的课堂教育走向使用多种传播媒介作为教育手段，教育已经脱离了单纯的人际传播和组织传播的界限，而成为包括大众传播在内的多种方式相结合的一种文化传播方式。在这个过程中，也大大扩展和加速了文化的传播。

（4）尊重文化多样性是实现世界文化繁荣的必然要求。一个民族的文化成就不仅属于这个民族，而且属于整个世界。世界上每一个民族都以其鲜明的民族特色丰富了世界文化，共同推动了人类社会的进步和发展。文化多样性是人类社会的基本特征，也是人类文明进步的重要动力。

【高考在线】

1.（2011北京卷）歌剧《木兰诗篇》是我国艺术家创作的一部优秀作品，该剧吸纳欧洲歌剧艺术的表现手段，融入中国戏曲的表演形式，讴歌了伟大的民族精神，在国内外获得高度评价，这表明（   ）。

A.不同民族文化的竞争促进了文化融合

B.不同艺术形式的融合有利于文化发展

C.不同民族文化的融合是文化发展的关键

D.东西方艺术都应当保持各自的民族特色

答案：B。

解析：本题考查文化的交流与发展的知识。A说法不符合题意，该材料并没有讲文化的竞争；B说法符合题意，中外文化的交流促进了文化的发展；C说法错误，民族文化的融合不能说是文化发展的关键;D说法与题目无关。本题答案选B。

2.(2010浙江卷)150多年来,一些重大发明,如照明、通信、汽车灯技术,都是在世博会上面世后才逐渐转化为主流产业的。从文化生活角度看,这是因为(   )。

A.各具特色的民族文化使世界文化多姿多彩

B.文化的传播与交融是历史发展的必然趋势

C.文化的交流与借鉴是人类文明进步的重要动力

D.现代大众传媒超越时空的强大功能加速了文化传播

答案:C。

解析:本题以世博为背景考查文化交流的作用。世博会就是文化交流的平台,一些重大发明通过"在世博会上面世后才逐渐转化为主流产业"表明文化交流借鉴的作用,故C项符合题意。A、B、D项说法本身正确,但不符合题意。

3.(2010江苏卷)近年来,中国民乐在欧洲的主流音乐厅多次上演,为欧洲听众带去了充满中国韵味的音乐享受,得到了较高的评价。这表明(   )。

A.不同国家的文化各具特色　　　　B.文化既是民族的又是世界的

C.世界各国的文化具有一致性　　　D.文化既是通俗的又是高雅的

答案:B。

解析:本题考查考生的解读和获取信息的能力,题干表明中国音乐受到欧洲的好评,故B符合题意;A材料未涉及;C表述片面,各国文化既有一致性,又有各自的特色;文化既有通俗的又有高雅的,D表述不准确。

【合作探究】

中国是世界四大文明古国之一,其文化源远流长、博大精深、灿烂辉煌。早在战国时期,我国就发明了指南针;东汉时期发明了造纸术;唐、宋时分别发明了火药和印刷术。古代中国的四大发明,不仅对中国文明历史的发展起到巨大推动作用,而且对世界人类文明进程起到了巨大推动作用。此外,还有许多伟大的思想家、哲学家、政治家、军事家、评论家和艺术家,他们的影响至今犹存,在人类文化发展史上举世公认。中华文明曾彪炳寰宇、震烁古今、辐射亚洲、远播世界。

根据学过的历史知识,你还能提供哪些历史上中外文化交流的佳话?

【学习体验】

课堂体验

1."传道、授业、解惑"体现了(   )。

A.思想运动成为社会变革的先导

B.科学技术进步推动了文化的进步

C.教育活动对文化传播具有重要作用

D.远程教育活动对文化传播具有不可替代的作用

2. 下列活动具有文化传播功能的是(   )。

①古代商旅活动   ②网络互动   ③教育   ④人口迁徙   ⑤红色旅游   ⑥科考队南极考察

A.①②③⑤   B.②③④⑤   C.①②③④⑤   D.②③④⑤⑥

3. 秦国攻灭楚国后,为了加强对南方地区的控制,派 50 万官兵驻扎岭南地区。这使得相当一部分中原人留在了粤东北地区,对当地文化产生了深远的影响。秦统一中国后,为了戍边和开发新区,组织了一系列大规模的人口迁徙。其中最著名的北戍五原、云中,南戍五岭,人数近百万,对长城沿线和华南的开发起了重要作用。上述材料体现的文化传播途径是(   )。

A.教育是文化传播的重要途径

B.人口迁徙是文化传播的重要途径

C.战争是文化传播的根本途径

D.古代商贸活动是文化传播的重要途径

4. 第 11 届奥运会首次通过电视实况转播,共有 16.2 万观众观看了转播;第 14 届奥运会,英国广播公司以 3 000 美元获得电视转播权,伦敦周围 80 千米内约有 50 万人观看了转播;第 18 届奥运会首次通过卫星向全球进行实况直播,人们可以在第一时间了解比赛进程,如同身临其境;2008 年北京奥运会有史以来第一次通过电子方式、数字方式进行转播,其中包括网上的高清转播、手机电视等。美国 NBC 网站,视频观看者是雅典奥运会的 30 倍,手机视频下载量是都灵冬奥会的 20 倍。在中国,有 1.02 亿观众在网上收看相关的比赛,还有 1.46 亿观众通过网络点播方式收看转播。全球范围内有 77 个国家和地区推出了网上频道。以上事实说明(   )。

①大众传媒已日益成为文化传播的重要手段   ②大众传播已取代旧的传媒   ③大众传媒显示了文化传递、沟通、共享的特大功能   ④大众传媒克服了旧的传媒的局限性

A.①②③   B.①②④   C.①③④   D.②③④

5. 下列活动有利于推动中华优秀文化传播的是(   )。

①汉代张骞出使西域   ②唐代玄奘西行   ③明代郑和下西洋   ④丝绸之路开通   ⑤胡锦涛主席访问南美   ⑥中国在法国举办"中国文化年"

A.①②③④⑤   B.②③④⑤⑥   C.①②④⑤⑥   D.①②③④⑤⑥

课外体验

今天大众参与社会文化生活大多不是直接接触,而是通过媒体获取信息。据此回答 1～2 题。

1. 这里所说的媒体是指(   )。

A.文化传播的媒介,即传媒   B.文化传播的方式和途径

C.报刊广播   D.电视、网络

2. 网络传播已成为文化传播在当代的主要形态,正在改变着我们生存的世界,改变着人们的生活方式、思维习惯和精神面貌。这实质上是指通过网络传播发挥了(   )。

A. 经济、政治对文化的决定作用

B. 文化对政治、经济的影响作用

C. 文化对人类与社会的发展的影响作用

D. 先进文化对健全人格的塑造作用

中国文化的发展当然要坚定不移地走自己的道路,同时必须对外开放,博采众长,这对促进我国文化艺术事业的发展,对丰富发展我们本民族的艺术品种有积极影响。同时,我国的展演市场得到了发展和完善,涌现出一批实力较强、社会效益与经济效益都较好的涉外展演经营机构,并且已自成网络,形成了涉外展演市场的基础框架。商业运作在中外文化交流中表现出越来越强的生命力。据此回答3~4题。

3. 中国文化的发展要坚定不移地走自己的路,同时必须对外开放、博采众长,这是因为( )。

①尊重文化多样性,首先要尊重自己民族的文化,培育和发展好本民族的文化

②尊重文化多样性,要尊重其他民族文化、学习和借鉴其他民族的优秀文化

③"引进来"与"走出去"相结合是确保我国文化正确发展方向的根本保证

④对外开放、博采众长是推动我国文化发展的根本途径

A. ①②   B. ②③   C. ①③   D. ②④

4. 从经济生活的角度看,材料表明( )。

A. 加强文化交流是繁荣我国文化事业的内在要求

B. 我国文化产业的发展方式符合市场经济的基本规律

C. 我国文化产业的发展促进了市场经济体制的完善

D. 第三产业的发展是现代经济的基本特征

5. 电影《刮痧》讲述了这样一个故事:一位中国许姓老人到美国探亲,他发现孙子发高烧,因不识药瓶上的英文,无法给孙子吃药,只能采用中国传统的治疗方法——刮痧。当其孙子不慎摔伤被送往医院救治时,美国医生发现孩子背部有刮痕,认为是受家庭暴力虐待所致。许家因此被告了法庭,于是引发了一场"虐待儿童"的官司。最后,这种治疗方法得到法庭的理解,消除了误会。根据这则故事,下列说法不正确的是( )。

A. 中西医乃至中西文化存在差异

B. 不同的国家,不但有着不同的法律制度与社会管理机制,还存在不同的思维方式

C. 文化交流就是要消除各民族文化之间的差异

D. 既要认同本民族文化,又要尊重其他民族文化

6. 文化外交已经成为我国继经济外交、政治外交之后的又一大亮点,是中国总体外交的重要组成部分。在中国举办的"俄罗斯年"、在美国举办"中国文化节"、在意大利举办"中国天津周"、在荷兰举办"中国文化艺术节",另外还有"中华文化非洲行"、"海湾中国文化周"等大型中外文化交流活动。这些中外文化交流活动在全世界掀起了一股"中国热",扩大了中华文化在世界上的影响力。

运用文化生活的有关知识,谈谈你对上述现象的认识。

第四课　文化的继承性与文化发展

茱萸菊花避邪的传说

相传在东汉时期,汝河有个瘟魔,只要它一出现,家家就有人病倒,天天有人丧命,这一带的百姓受尽了瘟魔的蹂躏。

一场瘟疫夺走了青年恒景的父母,他自己也因病差点儿丧了命。病愈之后,他辞别了心爱的妻子和父老乡亲,决心出去访仙学艺,为民除掉瘟魔。恒景四处访师寻道,访遍各地的名山高士,终于打听到在东方有一座最古老的山,山上有一个法力无边的仙长。恒景不畏艰险和路途的遥远,在仙鹤指引下,终于找到了那座高山,找到了那个有着神奇法力的仙长。仙长为他的精神所感动,终于收留了恒景,并且教给他降妖剑术,还赠他一把降妖宝剑。恒景废寝忘食苦练,终于练出了一身非凡的武艺。

这一天仙长把恒景叫到跟前说:"明天是九月初九,瘟魔又要出来作恶,你本领已经学成,应该回去为民除害了。"仙长送给恒景一包茱萸叶,一盅菊花酒,并且密授避邪用法,让恒景骑着仙鹤赶回家去。

恒景回到家乡,在九月初九的早晨,按仙长的叮嘱把乡亲们领到了附近的一座山上,发给每人一片茱萸叶,一盅菊花酒,做好了降魔的准备。中午时分,随着几声怪叫,瘟魔冲出汝河,但是瘟魔刚扑到山下,突然闻到阵阵茱萸奇香和菊花酒气,便戛然止步,脸色突变。这时恒景手持降妖宝剑追下山来,几个回合就把瘟魔刺死剑下,从此九月初九登高避疫的风俗年复一年地流传下来。

请回答问题:你了解重阳节的其他传说吗?

传统文化的继承

【课标导读】

知识目标:传统文化的含义、传统文化继承性及其表现、传统文化的特点、对待传统文化的态度。

能力目标:利用教材提供的情境,培养学生自主学习与合作探究的本领;通过对传统文化的学习,使学生学会辩证地观察和认识问题。

情感、态度与价值观目标:通过学习,认识文化发展的历史过程和我国传统文化在现实生活中的作用,理解传承古老文明的意义,做自觉的文化传承者。

【知识逻辑】

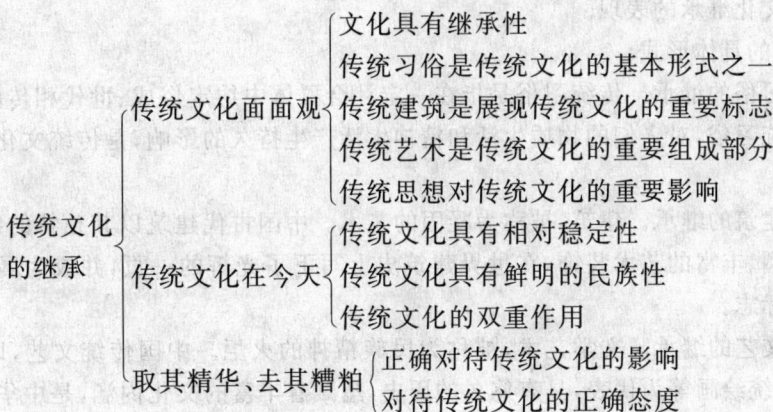

传统文化的继承
- 传统文化面面观
  - 文化具有继承性
  - 传统习俗是传统文化的基本形式之一
  - 传统建筑是展现传统文化的重要标志
  - 传统艺术是传统文化的重要组成部分
  - 传统思想对传统文化的重要影响
- 传统文化在今天
  - 传统文化具有相对稳定性
  - 传统文化具有鲜明的民族性
  - 传统文化的双重作用
- 取其精华、去其糟粕
  - 正确对待传统文化的影响
  - 对待传统文化的正确态度

【自学导航】

1.传统文化的特点:_____、_____和_____。传统文化继承性表现为_____、_____、_____、_____;传统文化在世代相传中保留着基本特征,同时,它的具体内涵又能够因时而变;作为特定历史发展的产物,传统文化是维系_____。

2.传统文化的影响(双重性):随着生产力的发展,经济、政治的变化,传统文化如果能顺应_____。反之,如果_____。

3.对待传统文化的正确态度:①"_____,_____",_____,_____。对于传统文化中符合社会发展要求的、积极向上的内容,应该_____;对于传统文化中不符合社会发展要求、落后的、腐朽的东西,必须_____。

②对待中国传统文化,应该在继承的基础上_____。

③把握住_____的更替或自我完善和发展的机遇,不断推动科技进步,不失时机开展_____运动,加强_____在文化传承中的作用。

4.传统文化在社会主义现代化建设中的作用。

【要点导释】

1.传统文化的含义。

(1)含义:传统文化是在长期历史发展中形成并保留在现实生活中的、具有相对稳定性的文化。

(2)传统文化是人们在历史实践活动中创造和积淀的文明成果,是一个民族生存和发展的重要条件。相对于外来文化来说,是指母文化或本土文化;相对于现代文化来说,是指历史上流传下来的文化。它或者表现于物质载体,如建筑、雕塑、生产工具、生活用品;或者表现于各种知识信息的积累储存。

把握传统文化的内涵注意四点。一是传统文化是在历史发展中形成的,是人们在历史实践活动中创造的;二是传统文化在现实生活中保留,渗透在现实生活的各个领域;三是传统文化具有相对稳定性;四是传统文化具有继承性。

2.传统文化继承的表现。

(1)继承的具体形式。

①传统习俗的继承。传统习俗是指在一定社会群体中约定俗成、世代相传的风尚、礼节和习惯。传统习俗,对人们的物质生活和精神生活产生持久的影响,是传统文化的基本形式之一。

②传统建筑的继承。建筑,被称为凝固的艺术。中国古代建筑以其独特的结构体系、优美的艺术造型、丰富的艺术装饰,在世界建筑史上写下了光辉的一页,并成为展示中国传统文化的重要标志。

③传统文艺的继承。文学艺术,被称为民族精神的火炬。中国传统文艺,以古代文学、传统戏曲、传统绘画等为代表,具有悠久的历史,蕴藏着丰富的文化内涵,是中华民族灿烂文化的重要组成部分。

④传统思想的继承。传统思想,包括在长期历史积淀中形成的理论观点、学术思想和道德观念。中国传统思想经过数千年的发展,已经成为中华文化中一个非常重要的组成部分,对今天中国人的价值观念、生活方式和中国的发展道路,具有深刻的影响。

(2)中国传统文化是实现国家现代化的潜在推动因素。任何一个国家的现代化,都根植于民族传统之中,以传统文化为前提,只有把现代化的基本要求与本民族的传统文化结合起来,才能赋予现代化以民族特色,也只有这样的现代化,才是真正现实的、具体的、有活力的现代化。

(3)传统文化中蕴涵的中华民族精神,是培养、激发国民的民族自尊心、自信心,树立民族自豪感的重要因素。民族精神是民族的精神支柱和灵魂,它对于塑造民族的品格和风貌,增强民族凝聚力、向心力,具有不可估量的作用。而蕴涵在传统文化之中的中华民族精神就是在中国传统文化基础上产生的民族意识和民族感情。

3.如何正确对待传统文化。

(1)正确对待传统文化的必要性。

①一个民族、一个国家,只有发挥传统文化的积极作用,克服传统文化的消极作用,才能兴旺发达。

②每个人只有正确对待传统文化的影响,才能使自己自由全面发展,更好地创造新生活。

(2)对待传统文化的正确态度:"取其精华、去其糟粕",批判继承,古为今用。

①如何区别传统文化中的"精华"与"糟粕":"精华"与"糟粕"并不是泾渭分明的,更多的情况是交织在一起并相互转换的。许多东西在当时具有积极因素,但随着历史的发展,到后来又变成了消极因素;也有一些东西在当时看来是消极的,但是随着社会历史的变化发展、时事的变迁,它具有了积极的意义。如何区别它们,也难以确定一个明确的标准,一般来说,能够满足时代发展需要的文化就是"精华",不能满足时代发展需要的文化就是"糟粕"。

②如何对待传统文化中"精华"与"糟粕":要真正做到"取其精华、去其糟粕",并不是一件容易的事。我们对待传统文化绝不能采取简单粗暴的方法。尤其值得注意的是,对于传

统文化中的精华部分,我们也不是无批判地兼收并蓄。因为传统文化中的精华,也是在特定历史时期、特定社会背景下形成的,我们必须根据自身所处的时代而对它们进行改造,将这些有用的部分重新熔铸,使它们升华为适应时代发展需要的内容。将传统文化中的精华部分改造成满足时代发展要求的内容,是每一个时代都必须进行的工作。人们在改造传统文化的过程中,并不是随心所欲的,而是不自觉地将时代的精神熔铸在文化之中。

(3)辩证地认识传统文化在现实生活中的作用,分辨其中的精华和糟粕。

①古为今用:对于传统文化中符合社会发展要求的、积极向上的内容,应该继续保持和发扬。

②移风易俗:对于传统文化中不符合社会发展要求的、落后的、腐朽的,应自觉地加以改造或剔除。

【高考在线】

1.(2011 山东卷)"好客山东贺年会"丰富了人民群众的文化生活,促进了节日消费。关于图7"好客山东贺年会"四大理念,下列说法正确的是(　　)。

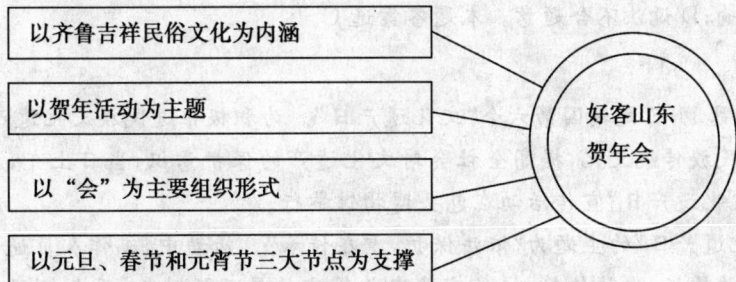

图7

①民族节日是民族历史文化的积淀　②先进文化是社会发展的根本动力
③贺年活动是文化传播的有效途径　④传统习俗是传统文化的主要形式
A.①②　　　　　B.①③　　　　　C.②④　　　　　D.③④
答案:B。

解析:本题考查传统文化的相关知识点。①说法正确,民族节日是民族历史文化的积淀,说法正确;②说法错误,社会基本矛盾是社会发展的根本动力;③说法符合题意;④说法与题意无关。本题答案选B。

2.(2011 海南卷)"公期"是海南的传统民俗节日。以前每逢"公期",人们都要拜祭"公祖",举行"过火山"、"上刀梯"、"贯铁杖"等仪式。今天,人们移风易俗,利用这一民俗节日"赛红歌"、"赛书法"、"赛技能",建设和谐文化,倡导文明新风。这表明民俗节日(　　)。
①体现了民族心理和情感,富有民族文化韵味
②是传统文化的组成部分,具有相对稳定性
③集中展示了本区域文化,是民族文明程度的重要标志
④是长期社会实践的产物,是文化创新的重要动力
A.①②　　　　　B.①④　　　　　C.②③　　　　　D.③④

答案：A。

解析：本题考查民俗节日，就是考察传统文化的特点。③④说法不合题意。

3.(2011天津卷)最近，河北农业大学一群毕业生默默帮助病逝同学李宝元父母的事迹被广为传颂。15年前毕业之际，有人提议"宝元的父母咱们得管"，一个算不上约定的"约定"，让两位老人15年收到了15张汇款单和56封信。同学们用实际行动使扶危济困、重情信诺的传统美德在当代得到完美绽放。这一事迹表明(   )。

　　A.传统道德准则完全适应现代生活

　　B.中华文化的具体内涵是亘古不变的

　　C.传统道德对今天人们的价值选择有深刻影响

　　D.传统文化是维系民族生存和发展的精神纽带

答案：C。

解析：本题考查中华传统文化的美德。A说法太绝对，不选，传统与现代毕竟还有一定的距离；B说法错误，具体内涵不能说亘古不变；C说法正确，体现了传统道德对我们的今天价值选择的影响；D说法不合题意。本题答案选C。

【合作探究】

2011年6月11日是我国第六个"文化遗产日"。为积极推进民族文化遗产保护与传承，大力弘扬优秀民族传统文化，提高全社会对文化遗产的保护意识，当日上午，由市文化局主办的第六个"文化遗产日"宣传活动在包头博物馆举行。

今年"文化遗产日"的主题为"依法保护，重在传承"。活动中，工作人员通过设置非物质文化遗产的相关展板，发放传单，接受市民咨询等宣传展示活动，全面介绍了我国及自治区的非物质文化遗产保护工作的历史及现状，增进了广大公众对文化遗产的认知和依法保护文化遗产的意识。

我们应如何对待传统文化？

【学习体验】

课堂体验

1.我国很多地区普遍保留着元宵节看花灯吃汤圆、端午节赛龙舟吃粽子、中秋节赏月吃月饼等习俗。这些习俗能够保留至今的原因是(   )。

　　A.传统文化具有历史性　　　　　　B.传统文化具有稳定性

　　C.传统文化具有继承性　　　　　　D.传统文化具有民族性

2.中国的传统绘画与诗赋、散文、楹联、书法以及篆刻相互影响、相互交融，形成了诗书画一体的艺术传统，成为与西方艺术风格迥异的东方艺术的代表形式之一。这表明(   )。

　　A.传统文化具有历史性　　　　　　B.传统文化具有稳定性

　　C.传统文化具有继承性　　　　　　D.传统文化具有民族性

3.在台湾城乡，祭祀孔子的文庙随处可见。许多台胞在山东参观访问时，无论行程多么紧迫,都要去曲阜"三孔"圣地。这说明(   )。

    A. 台胞热爱祖国

    B. 传统文化具有鲜明的民族性

    C. 台湾用儒家思想治理社会,台胞深受影响

    D. 曲阜"三孔"圣地是著名的旅游胜地

4. 虽然《大闹天宫》依然能唤起很多人美好的记忆,但"《西游记》都看了几百遍啦"这句话足以让现在的儿童文学家汗颜。孩子的评价很残酷:"我不要看孙悟空,我就要看哈利·波特!"这表明(   )。

    A. 我们的古老文明已经完全失去竞争力

    B. 传统文化的相对稳定性使其不适应现代文明

    C. 我们的文化需要与时俱进

    D. 传统文化具有民族性,不容易为世界所接受

5. "站在前人的肩膀上"从事文化创造表明(   )。

    A. 科学技术推动着文化的进步   B. 思想运动推动着文化的进步

    C. 教育推动着文化的进步   D. 以社会实践为根本途径

课外体验

1. 中国古代传统建筑,就如同一幅幅图画,无论是拍照、拍电影,都美不胜收。但是,有一部分中国人却不懂得欣赏、珍惜祖宗留给我们的遗产,只知一味盲目崇洋,把祖宗的遗物大拆大毁,而以呆板、粗鲁、古怪、一点也不雅致的高楼大厦来代替。这一做法(   )。

    A. 正确,因为这样做提高了人们的生活水平

    B. 正确,因为这样有利于发展新文化

    C. 错误,因为对传统文化不允许批判

    D. 错误,因为没有处理好文化继承与发展的关系

2. 北京四合院是堪称最能体现北京特色的建筑,北京现存大约 2 000 座四合院,其中约 600 多座已被挂牌保护。这说明(   )。

    A. 保护古老民族文化是尊重文化多样性的表现。

    B. 北京四合院具有很好的考古价值

    C. 是现代文明与古老文明交融的需要。

    D. 北京四合院是展现中国传统文化的重要标志之一

3. 关于中国传统思想,下列说法正确的有(   )。

    A. 它是在长期历史沉淀中形成的理论观点、学术思想和道德观念

    B. 它对社会和人的发展具有积极作用

    C. 全面继承并运用于我国社会主义文化建设之中

    D. 它凝结了传统文化的精华

4. 教育部决定在北京、天津、黑龙江等 10 省(市)中小学开展京剧进课堂试点。对于京剧进课堂,下列认识中正确的是(   )。

A.有利于全面继承我国的传统文化

B.有利于把握社会主义先进文化的前进方向

C.有利于保护和弘扬我国优秀的民族文化

D.有利于抵制流行文化

5.同说汉语、同写汉字、都推崇儒家思想,这些相同的传统深刻影响着 13 亿大陆人民与 2300 万台湾人民的行为方式与道德取向,也成为两岸人民不可分割的精神纽带。这说明( )。

①不同的文化具有不同的地域特性　②两岸人民有着共同的文化认同感和归属感　③儒家思想是中华民族精神的核心和根本　④民族的传统文化是民族延续的重要标志

A.①②　　　　　B.②④　　　　　C.②③　　　　　D.③④

6.2009 年江苏高考作文题"品味时尚",引来多方讨论。围绕"文化",有同学认为:"讲时尚,就不能谈传统。"

(1)请用《文化生活》知识点评该同学的观点。

(2)通过学习,你认为现实文化生活中哪些是中学生应该追求的"时尚"?（至少答出三点。）

文化在继承中发展

【课标导读】

知识目标:阐明文化发展过程中文化继承与发展的关系;阐述文化发展的过程;明确影响文化发展的重要因素;理解教育是人类特有的传承文化的能动性活动。

能力目标:运用"推陈出新、革故鼎新"的方法,批判继承传统文化的能力。

情感、态度与价值观目标:做自觉的文化传承者。

【知识逻辑】

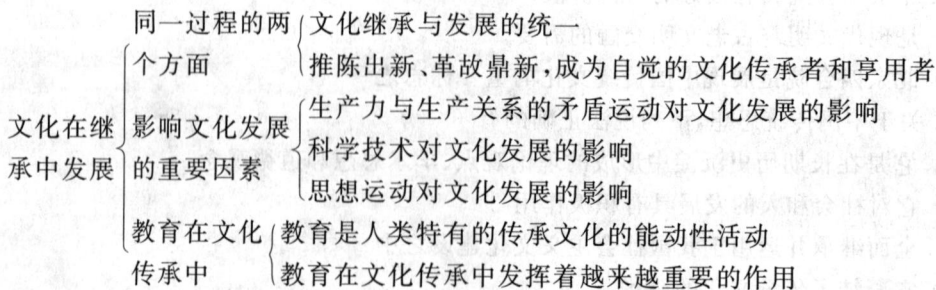

【自学导航】

1.文化继承与文化发展的关系。

（1）辩证关系：继承与发展是＿＿＿＿＿＿＿＿＿＿的两个方面。继承是发展的＿＿＿＿＿＿＿＿＿，发展是＿＿＿＿＿＿＿＿＿＿＿。

（2）正确处理二者的关系要求：把握好文化继承与发展的关系，在继承的基础上＿＿＿＿＿＿，在发展的过程中＿＿＿＿＿＿，这就是文化传承。批判地继承传统文化，不断＿＿＿＿＿＿＿，＿＿＿＿＿＿＿。

2.影响文化发展的重要因素。

A＿＿＿＿＿＿＿　B＿＿＿＿＿＿＿＿　C＿＿＿＿＿＿＿＿＿　D＿＿＿＿＿＿＿；根本因素是：社会生产力的发展。

3.教育在文化传承中的作用。

（1）教育是人类特有的传承文化的能动性活动，具有＿＿＿＿＿＿＿、＿＿＿＿＿＿＿、＿＿＿＿＿＿的特定功能，在＿＿＿＿＿＿＿＿＿＿＿＿＿＿始终扮演着重要的角色。

（2）教育通过对受教育者的"＿＿＿＿＿＿、＿＿＿＿＿＿、＿＿＿＿＿＿"，把文化传递给下一代。

4.教育是如何影响文化发展的？

【要点导释】

1.文化继承与文化发展的关系。

继承是发展的必要前提，发展是继承的必然要求。继承与发展，是同一过程的两个方面。一个民族的优秀文化凝聚了该民族世世代代的创造和智慧，是该民族赖以生存的精神力量。一个民族文化的发展和复兴，离不开对优秀文化的继承；离开对传统文化的继承，文化发展就是无源之水、无本之木。继承的目的是为了发展，不能原封不动地承袭传统，必须要把握时代的脉搏，与时俱进，有所淘汰，有所发扬，从而使文化得到发展。

注意：（1）无论是发展文化，还是继承传统文化，都要正确处理文化继承与发展的关系。继承和发展是同一过程的两个方面，不存在先后顺序。（2）区分文化继承与文化传播：文化继承主要是文化纵向积累的过程，侧重于本民族的"取其精华、去其糟粕""推陈出新、革故鼎新"；文化传播主要是文化横向积累的过程，侧重于不同民族文化的交流借鉴和融合。

2.教育是人类特有的传承文化的能动性活动。

首先，教育具有保存、传递和活化文化传统的功能。人类文化既是人们社会生产与社会生活的产物，同时又是新生一代进行社会生产与社会生活的必要条件。人类文化只能被学而知之，不能通过遗传方式获得。这就决定了人类文化从它产生的那天起，就与教育有着不可分割的关系。如果说人类的繁殖过程是人类种族的传递、保存和延续过程，那么，教育则是人类文化的传递、保存和延续过程。同时，教育对人类文化有活化作用，即将储存形态文化转变为现实活跃文化，这一过程的完成，除了教育，别无他法。任何一种文化只有通过教育完成了这种转化，才能在人类的现实生活中表现出它的生命力和价值，才能出现文化繁荣的局面。

其次，教育具有选择、整理文化传统的功能。自从学校教育产生之后，教育选择文化的功能就日益突出。人类文化发展的速度愈加快，各种文化之间的交流愈频繁，内容愈广泛，社会对教育选择文化的要求就愈高。教育选择文化的功能主要是通过以下几种途径实现的:一是精心选择教育内容;二是精心选择教师;三是精心选择教育的方式和方法。在教育对文化选择的同时,它同样也整理着文化。教育通过选择和整理,使得人类文化去伪存真,逐步系统化,其精华得以继承,从而显示出更强的生命力,呈现出更为繁荣的景象。

再次,教育具有吸收、融合和更新创造文化的功能。各民族文化的相互吸收、融合和更新创造的途径很多,如移民、战争、贸易往来、旅游等,但教育是最有效、最积极的途径。不同文化间的交流,很大程度上依赖于不同文化体内的人们在语言、文字上的沟通和理解,而语言文字上的沟通和理解又很大程度上依靠系统的外民族语言教育。通过教育来吸收其他民族的文化,有一个积极的选择过程,去其糟粕、取其精华,因而最为有效。学校教育的对象主要是青年一代,他们容易接受新的观念和文化模式。这种心理优势对吸收和融合外民族文化是极为有利的。

教育使各民族文化得以相互吸收、融合和创造更新,有利于人类文化的发展、繁荣。

3.“取其精华、去其糟粕”与“推陈出新、革故鼎新”的关系。

(1)“取其精华、去其糟粕”是指要辩证地认识传统文化在现实生活中的作用,分辨其中的精华和糟粕。“推陈出新、革故鼎新”指在文化继承中,不断革除陈旧的、过时的旧文化,推出体现时代精神的新文化。

(2)“取其精华、去其糟粕”侧重于对传统文化的正确态度,是改造传统文化的过程。“推陈出新、革故鼎新”侧重于对文化的继承、发展和创新的过程。

【高考在线】

1.(2011 上海卷)产生于西汉时期的儋州调声,是儋州人民自己创造的原生态歌谣,直到今天仍流传于海南省儋州一带,具有自己鲜明的特点。这表明(   )。
①传统文化具有区域性   ②传统文化具有民族性
③传统文化具有相对稳定性   ④传统文化具有先进性
A.①②   B.①③   C.②③   D.③④
答案:B。

解析:本题考查传统文化的特点。②④说法不合题意。

2.(2010 江苏卷)高铁时代的到来,人们可以“在广州喝早茶,到长沙听笑话,再到武汉赏樱花”;“上午在西安吃泡馍,下午到嵩山看少林”。这说明科学技术的进步能够(   )。
①改变文化的存在形式   ②方便人们的文化交流
③更新文化的传播方式   ④扩展人们的文化视野
A.①②   B.③④   C.①③   D.②④
答案:D。

解析:本题考查科技对文化的影响。②④符合题意要求。①③材料未涉及。

3.(2011 广东卷)阅读下列材料,结合所学知识回答问题。

近年来,在发展文化产业的过程中,一些地方出现了“名人故里”之争,甚至有炒作负面历史人物、制造假文物等现象。针对这些假文化之名,争经济利益之实的行为,文化部、国家文物局联合发文叫停。

结合材料,运用《文化生活》的知识,分析行政主管部门发文"叫停"的原因。

答案:不恰当的开发、利用会损害传统文化内在的功能和价值;有违"取其精华、去其糟粕"的正确态度,不利于传统文化的保护、继承和发展;扭曲传统文化的内涵,不利于文化创新;不利于传统文化内蕴的中华文化精神和感召力的发扬;有违社会主义核心价值观,不利于发展先进文化。

【合作探究】

在十一届全运会开幕式上,500 名幼稚童声吟唱《论语》,"有朋自远方来,不亦乐乎""己所不欲,勿施于人""温故而知新,可以为师矣"给世人留下深刻印象。目前,北京、广州等城市的部分中小学校已着手组织在校学生开展"诵读书经活动",即把我国传统文化中的"四书五经"等"国学"篇目重新列为必修课,要求学生熟背。据不完全统计,全国已有近千万的孩子加入"读经"的行列。对这一活动,有人认为是复古,有人认为是创新,还有人对此表示尊重和理解,认为应该顺其自然。

从文化传承的角度谈谈你对开展学生"诵经"活动的看法。

【学习体验】

课堂体验

1.中国古代教育存在着"师道尊严""诲人不倦"等教育思想。要正确对待这些教育思想,就必须( )。

A.摆脱古代教育思想的影响   B.回归古代教育思想

C.推陈出新、革故鼎新   D.推行素质教育

2.社会制度的更替,是( )推动的。

A.经济和文化的矛盾运动

B.经济和政治的矛盾运动

C.经济基础和上层建筑的矛盾运动

D.社会生产力和生产关系的矛盾运动

3.科学技术的进步,是促进经济发展的重要因素,也是推动( )发展的重要因素。

A.生产力   B.文化   C.生产关系   D.哲学

4.1992 年,联合国教科文组织开始推动"世界的记忆"项目。该项目的目的是推动运用现代信息技术使文化遗产数字化,以便永久保存,并最大限度地使社会公众能享用文化遗产。由此看来,现代信息技术的运用( )。

A.极大地促进了文化传播、继承与发展

B.促进了生产力的发展

C.有利于文物保护

D.为旅游者提供方便快捷的服务

5.在西欧,中世纪末的"文艺复兴"、18 世纪的"启蒙运动",都是预示社会大变革的著名

思想运动。这些思想运动既催生着社会变革,也促进了( )的发展。

    A.经济制度   B.社会形态   C.文化   D.精神文明

课外体验

1.关于文化继承与文化发展的关系,说法正确的是( )。

①继承是发展的必要前提   ②发展是继承的必然要求   ③继承与发展是同一过程的两个方面   ④继承与发展是相互独立的两个方面

    A.①②③   B.①②④   C.①③④   D.②③④

2.经历了工业革命之后,西欧各国普遍认识到科学技术的重要性,大力鼓励科学理论研究,取得了一系列重大突破,19世纪因而被称作"科学的世纪"。1831年,法拉第发现电磁感应现象,确定了电磁感应的基本定律。上段文字主要说明( )。

    A.继承是发展的必要前提,发展是继承的必然要求

    B.科学技术的进步,是促进经济发展的因素,也是推动文化发展的重要因素

    C.思想运动往往成为社会变革的先导

    D.社会生产力推动了文化进步

3.在中国,春秋战国时期的"百家争鸣",20世纪之初的"新文化运动";在西欧,中世纪末的"文艺复兴",18世纪的"启蒙运动",都是预示社会大变革的著名思想运动。不同思想文化在思想运动中相互激荡,催生着社会变革。这段文字表明( )。

    A.思想运动往往成为社会变革的先导

    B.科学技术对文化发展有重要影响

    C.生产力推动了历史文化的发展

    D.社会实践是文化变革的决定力量

4.我国已将"数字图书馆"纳入国家"863"计划和国家"十五"重点项目,大量的文化遗产已经转化成数字化形态。如古老的"北京人"已经有了宣传网页,"故宫文化遗产数字化应用研究"和"敦煌数字化虚拟洞窟"计划已经启动。这说明( )。

    A.科学技术的进步,促进了经济的发展

    B.当代信息技术的运用,促进了文化传播的继承和发展

    C.科学技术取得了重大突破

    D.当今世界,科学技术是综合国力竞争的决定因素

5.由私塾到课堂教学,再到网络学习,每一次教育方式的变革,都让受教育者的人更加广泛,教育越来越大众化和普及化。而教育方式的变革是直接由( )。

    A.文化传播媒介的每一次革命引起的   B.科技革命引起的

    C.经济发展水平决定的   D.统治阶级的利益决定的

6.我们的祖先在长期的社会生产和生活实践过程中,创造了辉煌灿烂的文化,形成了独具特色的文化传统。这些文化传统延续数千年而不衰,其中的一些精华迄今仍具有强大的生命力,需要我们去继承和发扬。

(1)如何正确认识和处理文化继承与文化发展的关系?

(2)今天要实现中华文化的繁荣,必须注意哪些因素的影响?

第五课　文化创新

原生态歌舞集——《云南映象》

由著名舞蹈艺术家杨丽萍出任艺术总监和总编导、并领衔主演的大型原生态歌舞集——《云南映象》自开演以来受到观众和专家的一致好评。

《云南映象》是一部集传统和现代之美的舞蹈新作。它深入发掘了云南民族文化,将原始乡土歌舞的精髓和民族舞蹈语汇进行全新整合重构,用新锐的艺术构思表现出少数民族勤劳、朴素、善良、纯洁的生活和爱情。舞剧由"云"、"日"、"月"、"林"、"火"、"山"、"羽"七场歌舞组成。来自滇山村寨的数十名舞蹈演员,用极其质朴的歌声和肢体语言,展现了彝、苗、藏、傣、白、佤、哈尼等民族原生态歌舞的绚丽色彩。

为了集中反映云南文化的深厚积淀,留给观众一个"原生态"的印象,她特意带领歌舞创作者深入云南少数民族地区,进行了一年多的采风,从民间邀请了上百位业余演员,他们中大多数是农民。"把那些濒临消失的民间艺术挖掘出来,抢救下来,给观众、给后人留下一个活生生的民俗文化博物馆",这是杨丽萍的理想,也是《云南映象》的真正意义所在。

问题:

(1)杨丽萍带领歌舞创作者深入少数民族地区,进行采风,并从民间邀请业余演员参加演出。这说明了文化创新要注意什么问题?

(2)生活与文化创新的关系是怎样的?

文化创新的源泉和作用

【课标导读】

知识目标:识记文化发展的实质;社会实践是文化创新的源泉,是文化创新的根本途径,重要途径。理解社会实践在文化创新中的作用;社会实践是文化创作的源泉,也是文化创新的根本途径。分析社会实践对文化创新的作用和文化创新对社会实践的作用,完整地把握二者之间辩证统一的关系。

能力目标:引导学生汇集实例,说明社会实践是文化创作和发展的重要根源,阐述推陈出新、革故鼎新是文化创新的重要途径。评析国际文化交流的典型事例,阐明世界范围内各种文化的相互交融是文化发展和创新的重要途径。

情感、态度与价值观目标:学生感悟文化创新来源于社会实践;树立善于学习各民族文化长处的思想意识。结合具体事例把握文化创新要面向世界、博采众长,坚持正确方向,克服错误倾向。

【知识逻辑】

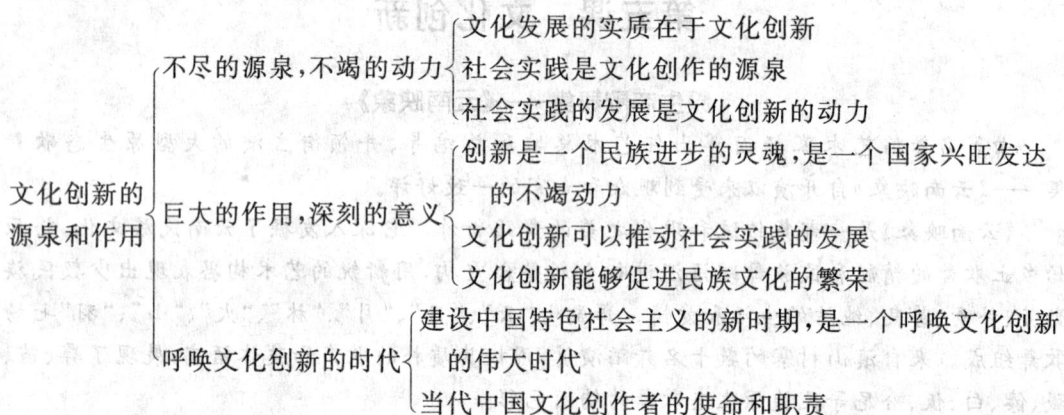

文化创新的源泉和作用

- 不尽的源泉,不竭的动力
  - 文化发展的实质在于文化创新
  - 社会实践是文化创作的源泉
  - 社会实践的发展是文化创新的动力
- 巨大的作用,深刻的意义
  - 创新是一个民族进步的灵魂,是一个国家兴旺发达的不竭动力
  - 文化创新可以推动社会实践的发展
  - 文化创新能够促进民族文化的繁荣
- 呼唤文化创新的时代
  - 建设中国特色社会主义的新时期,是一个呼唤文化创新的伟大时代
  - 当代中国文化创作者的使命和职责

【自学导航】

1. 不尽的源泉,不竭的动力。

(1)文化发展的实质,就在于_____。

(2)文化创新,是_____发展的必然要求。_____是文化创新的源泉。_____是文化创新的动力。

2. 巨大的作用,深刻的意义。

(1)创新是_____的重要保证。

(2)文化创新可以推动_____的发展。

(3)_____能够促进民族文化的繁荣。

3. 呼唤文化创新的时代。

_____从来就是社会实践的主体,也是_____的主体。有作为的文化创造者,应该自觉投身到_____的伟大实践当中。

4. 社会实践和文化创新的关系是怎样的?

5. 文化创新的主体是什么? 当代中国文化工作者的使命和职责是什么?

【要点导释】

1. 文化发展的实质,就在于文化创新。

2.文化创新,是社会实践发展的必然要求,是文化创新的源泉和动力。

(1)社会实践是文化创新的源泉。人类在改造自然和社会的实践中,创造出自己特有的文化。离开了社会实践,文化就会成为无源之水、无本之木,人们就不能作出有价值的文化创造。

(2)社会实践是文化创新的动力。一方面,社会实践中不断出现新情况,提出新问题,需要文化不断创新,以适应新情况,回答新问题;另一方面,社会实践的发展,为文化创新提供了更为丰富的资源,准备了更加充足的条件。

3.文化创新可以推动社会实践的发展。(发展文化创新有哪些重大作用?)

(1)文化创新可以推动社会实践的发展。推动社会实践的发展,是文化创新的根本目的,也是检验文化创新的根本标准。

(2)文化创新能够促进民族文化的繁荣。文化创新,是一个民族的文化永葆生命力和富有凝聚力的重要保证。

4.社会实践与文化创新的关系。

一方面,社会实践是文化创新的源泉和动力;另一方面,文化创新又反作用于社会实践,引导、制约着社会实践的发展。推动社会实践的发展,是文化创新的根本目的,也是检验文化创新的根本标准。

5.有人说"文化创新是文化创作者的事情,与一般群众无关",你如何理解这一观点的?

解析:这种说法是片面的。

(1)文化创新与文化创作者的辛勤劳动是分不开的,但不能因此认为文化创新只是文化创作者的事情。

(2)社会实践是文化创新的源泉和动力,人民群众是社会实践和文化创新的主体,离开了人民群众的实践活动,文化创作者不可能从事任何有价值的文化创造;推动社会实践的发展,是文化创新的根本目的,也是检验文化创新的根本标准,文化创作者的创作必须服务于人民群众。可见,认为文化创新与一般群众无关是不对的。

(3)文化创作者必须关注广大人民群众的根本利益,从人民群众的伟大实践和丰富多彩的生活中汲取营养、刻苦钻研、锐意创新,才能创造出无愧于时代和人民的文化作品。

【高考在线】

1.(2010 江苏卷)连环画《地球的红飘带》的作者为了再现历史,甚至历时六年重走长征路;在连环画《野火春风斗古城》的再版后记中,作者之一陈云华这样总结:"闭门造车、冥思苦想是画不出有生活气息的作品。"这说明( )。

A.文化对人的影响来自于特定的文化环境

B.文化感染力在于创作者的精益求精

C.优秀的文化作品只能来自于生产实践

D.文化作品只有源于社会实践,才有感染力

答案:D。

解析:材料强调"重走长征路",反对"闭门造车、冥思苦想",这就是认为要进行社会实践才可能创作出好的文化作品。故选D。

2.(2011 广东卷)《国家"十二五"时期文化发展规划纲要》明确指出,要把文化创新作为"十二五"时期文化发展的重点。国家之所以重视文化创新,是因为(　　)。

①文化创新可以推动社会实践的发展　②文化创新可以取代传统文化　③文化创新能够促进文化的繁荣　④文化创新是民族文化永葆生命力的重要保证

A.②③④　　　　　　B.①②④　　　　　　C.①③④　　　　　　D.①②③

答案:C。

解析:对待传统文化要批判继承,所以国家重视文化创新并非取代传统文化。②排除;①③④正确。

3.(2009 宁夏卷)中国文化要更好地走出去,必须大力推进文化创新。下列对文化创新的认识正确的有(　　)。

①离开社会实践,文化创新就成了无源之水　②推动文化实践的发展是检验文化创新的根本标准　③文化创新的根本目的是促进民族文化的繁荣　④实现文化创新,需要面向世界、博采众长

A.①②④　　　　　　B.②③④　　　　　　C.①③④　　　　　　D.①②③

答案:A。

解析:文化创新的根本目的是推动社会实践的发展,③错误。

【合作探究】

2011 年 2 月,央视电视剧排行榜显示,电视剧《喜耕田的故事》以 5.18% 的收视率名列前茅。而一些偶像云集的电视剧的收视率却不到 2%。事实毋庸置疑:优秀现实生活题材电视剧"扳倒"了偶像剧,成为新的收视热点。

艺术创作与社会生活实践是什么关系?电视剧《喜耕田的故事》是怎样体现这一关系的?

【学习体验】

课堂体验

1.实践是(　　)。

A.一种意识的活动　　　　　　　　B.一种主观性的活动

C.有目的、有意识的社会性的活动　　D.个人的活动

2.从文化发展的角度看,我国宋代著名的思想家朱熹的"问渠哪得清如许,为有源头活水来"这一名句主要说明(　　)。

A.社会实践是文化创作的源泉　　　B.社会实践是文化创新的动力

C.创新是文化的源头活水　　　　　D.创新是社会实践的必然要求

3."文化创新来自创作者的灵感,主要靠文化创作者的聪明才智。"这种观点否定了(　　)。

①文化创作者在文化创新中的作用　②社会实践是文化创新的源泉

③社会实践是文化创新的动力和基础　④人民群众是文化创新的主体

　　A.①②③　　　　　　B.②③④　　　　　　C.①③④　　　　　　D.①②④

4.文化创新的作用,主要表现为(　　)。

①不断推动社会实践的发展　②促进民族文化的繁荣

③扫除民族文化交流的障碍　④促使一种民族文化代替另一种民族文化

　　A.①　　　　　　　　B.①②　　　　　　　C.①②③　　　　　　D.①②③④

5.文化创新的主体和根本目的分别是(　　)。

A.文化工作者发展先进文化

B.艺术工作者彻底抛弃传统文化

C.文化工作者促进民族文化的繁荣

D.人民群众推动社会实践的发展和人的全面发展

课外体验

1.2011年2月《文化周刊》载文强调,要把推动文化创新摆在文化艺术工作的突出位置。之所以要进行文化创新,是因为(　　)。

①文化创新是社会实践发展的必然要求　②文化创新可以推动社会实践的发展　③文化创新可以促进民族文化的繁荣　④社会实践是文化创新的源泉和动力

　　A.①②③　　　　　　B.②③④　　　　　　C.①③④　　　　　　D.①②③④

2."古人学问无遗力,少壮功夫老始成,纸上得来终觉浅,绝知此事要躬行。"这是陆游《冬夜读书示子》诗,诗中蕴含的道理是(　　)。

　　A.文化创新可以推动社会实践的发展　B.社会实践是文化创新的动力和基础

　　C.书本和实践都是文化创新的来源　　D.文化创作的检验标准在于能否创新

3.社会实践是文化创造和发展的基础。对此理解正确的有(　　)。

①文化创新的需要来自社会实践　②文化创作的灵感最终来自社会实践和创作者的聪明才智　③文化创作的动力来自社会实践　④社会实践是产生优秀文化作品的源泉

　　A.①②③　　　　　　B.①③④　　　　　　C.②③④　　　　　　D.①②③④

4.第29届奥林匹克运动会在中国国家体育场隆重开幕。世界聚焦点,是一幅铺陈在体育场中央的中国写意长卷。在这个长卷上,中国文化从历史深处尽情流淌出来,再加以现代的包装,令世界惊艳。从文化生活的角度看,体现了(　　)。

A.继承传统是文化创新的源泉和动力

B.文化创新离不开对传统文化的继承和发展

C.文化创新不需要接受外来文化

D.文化创新的根本目的是促进民族文化的大繁荣

5.改革开放30年来,约有数万条新词产生,如外资企业、知识经济、经济特区、电子邮件、多媒体、软件、信用卡、再就业、北京奥运会、构建和谐社会、文化软实力等。这一事实说明(　　)。

　　A.人类文化对实践具有指导作用　　　　　B.人类文化先进于人类实践活动

C.人类文化是人脑主观自生的   D.人类文化来自于人类的实践活动

6.比彻·斯托夫人是美国著名的女作家。南北战争前,美国南方仍然实行农奴制度,广大的黑人在庄园中辛苦劳作,深受剥削,命运悲惨。斯托夫人在和他们的接触中,深深地被他们的不幸命运所打动,以饱含感情的笔墨创作出了著名的小说《汤姆叔叔的小屋》。该小说问世以来深深地感染了美国的民众,要求废除农奴制,解放黑人奴隶的呼声在美国越来越高,这为最后的南北战争的发生及最终的胜利奠定了浓厚的民意基础。后来林肯总统在谈及这本书时说下了"一个妇人发动一场大战争"的话。

运用文化创新的作用分析为什么"一个妇人的一部小说能发动一场大战争"?

文化创新的途径

【课标导读】

知识目标:通过学习,识记并理解文化创新的途径,区分文化创新的根本途径和基本途径。理解文化创新既要继承传统,又要推陈出新;既要博采众长又要以我为主、为我所用。明确在文化创新中要注意坚持正确方向,克服错误倾向。

能力目标:结合现实生活,深刻理解社会实践是文化创新的源泉和根本途径;结合实例,理解文化创新要面向世界,博采众长,用实事求是的科学态度坚持正确方向,克服错误倾向;学会用全面的、一分为二的观点看问题。

情感、态度和价值观目标:发扬中华民族优秀传统文化,汲取世界各民族文化的长处,在内容和形式上积极创新,为实现中华文化的辉煌作贡献。

【知识逻辑】

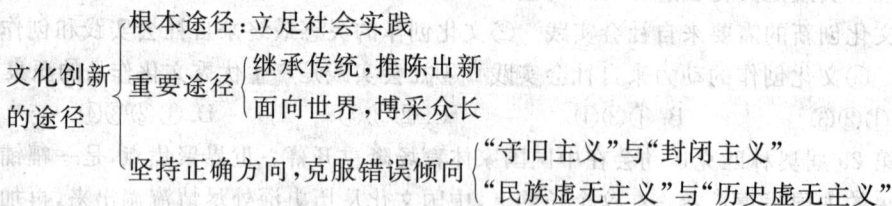

【自学导航】

1.文化创新的根本途径是 _____,也是文化创作的源泉。所以,_____是文化创作的基本要求,也是文化创新的 _____。

2.在社会实践的基础上,文化创新既是一个 _____的过程,又是一个 _____的过程。

3.不同民族文化之间的交流、借鉴与融合,既是一个 _____的过程,又是 _____的过程。

4.在注重实践的基础上,在文化继承当中实现文化创新的要求。

(1)一方面,_____。任何时代的文化,都离不开 _____;任何形式的文化,都不可能摒弃传统而从头开始。对于一个民族和国家来说,如果_____就会失去根基。

(2)另一方面,体现_____。_____,带来了_____的变化,要求文化_____。文化创新,表现在_____的努力之中。

5.文化创新的重要途径是_____,也是文化创新必然要经历的过程。实现文化创新,需要_____。

文化多样性是文化创新的重要基础。_____,是学习和吸收各民族优秀文化成果,以发展本民族文化的过程;是_____的过程;是在_____文化的过程。由此可见,文化多样性是世界的_____,也是_____。

6.在交流、借鉴与融合的过程中应注意的问题。

①在文化交流、借鉴与融合的过程中,必须_____,充分吸收外国文化的有益成果。在文化交流、借鉴与融合的过程中,必须以世界优秀文化为营养,充分吸收外国文化的有益成果。这就需要有_____的态度。

②在学习和借鉴其他民族优秀文化成果时,要_____。永葆文化生命力和提升文化竞争力,都需要_____。

7.文化创新应克服错误倾向和坚持正确方向。

(1)坚持文化创新的正确方向必须克服的两种错误倾向。

那种一味固守本民族的传统文化,拒绝接受新文化和任何外来文化的倾向,被称为_____;那种一味推崇外来文化,根本否定传统文化的倾向,被称为_____和_____。这些都是不利于文化创新的错误倾向,必须予以克服,才能保证文化创新沿着正确的方向、采用正确的方法进行。

(2)要坚持的正确方向。

我们更要立足于_____,着眼于_____,在_____,发扬中华民族优秀文化传统,汲取世界各民族文化的长处,在_____,努力铸造中华文化的新辉煌。

8.谈谈继承传统与开拓创新的关系。

【要点导释】

1.有人说,文化创新来自创作者的灵感,主要靠文化创作者的聪明才智。对此你怎么看?

解析:本题旨在考查学生的分析、判断能力。着重考查文化创新的源泉是社会实践,主体是人民群众这一基本观点。

答案:(1)文化创新来源于社会实践。因此,题目中文化创新来自创作者的灵感是错误的。(2)文化创作的主体是人民群众。材料中文化创作需要文化创作者的聪明才智,这一点是正确的,但说"文化创新主要靠文化创作者"则是错误的。

2.正确看待传统文化与现代精神。

一方面,不能离开传统文化,空谈文化创新;另一方面,体现时代精神是文化创新的重要追求。文化创新,表现在为传统文化注入时代精神的努力之中。

3.正确理解在文化交流中"以我为主"和"海纳百川"的关系。

(1)"以我为主"是指文化的民族性,是文化创新的根基,有利于永葆文化生命力和提升文化竞争力。

(2)"海纳百川"是指不同民族文化之间的交流、借鉴和融合,是文化创新的重要途径。

(3)文化竞争并不排斥文化合作,因为借鉴和融合有利于共享文化创新的成果,但在借鉴和融合时,要以我为主、为我所用。

【高考在线】

中国传统文化,有悠久的历史,也有鲜明的个性。京剧是我国戏曲之大成,被称为中国的戏剧"国粹"。据此回答1~2题。

1.(2009 广东卷)在演员脸上涂上某种颜色以象征角色的性格和品质是京剧的特色,如红脸表示赤胆忠心,气性耿直。这一特色(　　)。

①是中华民族文化个性和特性的标识　②体现世界文化的多样性

③应在实践中得以继承和发展　④会成为文化交流的障碍

A.①　　　　　B.①②　　　　　C.①②③　　　　　D.①②③④

答案:C。

解析:④说法错误,民族文化的特性不会成为文化交流的障碍,排除④。

2.(2009 广东卷)京剧是通过不断吸收地方戏曲的精粹和其他艺术形式的特长丰富发展起来的。这给我们的启示是(　　)。

A.全面吸收各种艺术的特色　　　　B.不断推陈出新、博采其他艺术精华

C.推动社会实践的发展　　　　　　D.保持传统艺术不受其他艺术的冲击

答案:B。

解析:吸收其他精华即博采众长、不断发展,选 B。

3.(2010 江苏卷)在文化交流中我们所崇尚的"见贤思齐"与有些人所主张的"外来文化是先进文化,应该照搬过来"是有本质区别的。二者的对立主要表现在(　　)。

①是否保留和发扬本民族的优秀文化传统　②能否借鉴和吸收其他民族文化的长处

③是否承认社会实践是文化创新的源泉　④是否承认文化发展的实质在于文化创新

A.①②　　　　　B.②④　　　　　C.①③④　　　　　D.②③④

答案:A。

解析:本题考查文化交流中应注意的问题,③④与题干无关,排除。

【合作探究】

20 世纪 50 年代,我国音乐学院的学生练习曲目大多是外国音乐家的作品。在上海音乐学院学习拉小提琴的一些年轻人,决心创作出中国人自己的作品。他们以发展民族音乐为使命,创作出了感动世界的经典曲目——《梁祝》。这首中西乐器相互渗透的协奏曲,展现了中华文化鲜明的风格和特点,成为通过文化融合实现文化创新的艺术典范。在国内,它能走

进不同时代听众的心灵;在国外,它是中国的文化符号和情感符号……

(1)《梁祝》成功的关键是什么?

(2)在正确对待传统文化与外来文化方面,上述事例对你有什么启示?

【学习体验】

课堂体验

1. 新华网载文指出,我们要立足于中国特色的伟大实践,从波澜壮阔的现实中汲取养分,不断实现文化的创新。文化创新的根本途径是(   )。

A. 立足于社会实践   B. "取其精华、去其糟粕",对传统文化进行改造

C. 积极汲取世界文化精华   D. 为传统文化注入时代精神

2. 孔子认为"孝悌也者,其为仁之本欤",但"愚孝"也会成为束缚人们思想和行为的桎梏。为此,我们应这样对待传统文化(   )。

A. 取其精华、去其糟粕   B. 赋予它新的时代精神

C. 对其加以融合   D. 全盘抛弃

3. 中国儒家的自然观、道德观和政治思想,成为西方启蒙运动中"百科全书派"有力的思想武器。这表明文化创新(   )。

A. 来源于社会实践   B. 需要不同民族文化的交流、借鉴、融合

C. 是不同民族文化的竞争、排斥   D. 具有民族特色

4. 汲取世界文化精华,必须同中国的实际相结合,坚持"以我为主、为我所用"的原则。这是因为(   )。

A. 外来文化是脱离实际的

B. 中华文化是社会主义的文化,与资本主义的文化没有共性,是无法融合的

C. 中华文化比西方文化更先进

D. 只有保持文化的民族特色,中华文化才能永葆生命力,提升竞争力

5. 我们要实现文化大发展大繁荣,那么在文化发展上应反对(   )。

①守旧主义   ②民族虚无主义   ③历史虚无主义   ④取其精华、去其糟粕

A. ①②   B. ①②③   C. ②③④   D. ①③④

课外体验

1. 文化部部长孙家正指出:"世界因不同而精彩,交流因不同而必要,创新因交流而迸发。"对此理解错误的是(   )。

A. 保持民族文化的多样性是世界文化的基本特征

B. 保持民族文化的多样性是文化创新的重要基础

C. 不同民族间文化的交流、借鉴和融合是文化创新的重要途径

D. 不同民族间文化的交流、借鉴和融合是消除文化差别的需要

2. 中医药学体系是我国优秀传统文化的杰出代表,今天仍然在为维护人类健康发展起着无可替代的作用。在"中医现代化"的口号下,有人把盲目改造中医传统、简单模仿西医当成中医现代化的发展方向。可见,失去了传统文化依托的中医,就如同离开土壤的大树,只有枯萎和死亡。这说明( )。

A. 中医药学不需要文化之间的交流、融合

B. 要反对民族虚无主义

C. 弘扬中医药文化不需要体现时代精神

D. 中医药学要拒绝接受新文化和任何外来文化

3. 中华文化的神奇吸引了很多外国人前来学习、研究。中国每年也有大量留学生到世界各地求学,学习外国技术、管理经验等。这说明( )。

A. 文化是无国界、无阶级性的

B. 在文化方面应毫无保留地进行交流,从而促进世界文化的发展

C. 在文化交流、借鉴与融合过程中,必须以世界优秀文化为营养,充分吸收外国文化的有益成果

D. 要反对历史虚无主义

4. 雕塑艺术在创新中发展,不仅表现为雕塑技艺更加纯熟,表现力日益突出,而且体现在用于雕塑的材质范围日益扩大。从最早的石雕开始,逐渐出现了玉雕、竹雕、牙雕、沙雕、果核雕刻、头发雕刻、冰雕……这说明了( )。

A. 文化继承   B. 文化发展

C. 文化消亡   D. 文化继承、文化发展

5. 俄国革命胜利后出现的"无产阶级文化派"宣称:"无产阶级是未来的创造者,不是过去的继承者",因此要"把资产阶级文化作为一堆废物扔掉",去"创造自己特殊的文化"。主张对资产阶级和资本主义的文化采取全盘否定的态度。这一思潮,在"二战"结束后的冷战时期依然盛行。"无产阶级文化派"是( )。

A. 具有革命性质的,符合马克思主义的一种新的主张

B. 一种非此即彼的非科学的思想观念

C. 守旧主义的非科学的思想观念

D. 民族虚无主义和历史虚无主义的表现

6. 美国著名学者亨廷顿在《文化的冲突和世界秩序的重建》一书中说:有些国家领导人有时企图抛弃本国的文化遗产,使自己国家的认同从一种文明转向另一种文明,然而迄今为止,他们非但没有成功,反而使自己的国家成为精神分裂和无所适从的国家。

(1)这段话说明从文化创新中应注意些什么问题?为什么要这样做?

(2)不同民族文化交流、借鉴和融合的过程是一种怎样的过程?

第三单元　中华文化与民族精神

第六课　我们的中华文化

"孔子学院"走向世界

2004年11月21日,全球第一所"孔子学院"在韩国首都首尔挂牌。截至2010年10月,全球已建立322所孔子学院和369个孔子课堂,共计691所,分布在96个国家(地区)。未来中国向世界出口的最有影响力的产品不是衣服、鞋子、彩电、汽车等有形物,而是中华文化。"孔子学院"成为推广汉语教学、传播中华文化及国学的全球品牌和平台。她秉承了孔子"和为贵"、"和而不同"的理念,推动了中国文化与世界各国文化的交流与融合,让更多的人了解、认同并热爱上了中华文化。

请回答问题:你了解我们的中华文化吗?

源远流长的中华文化

【课标导读】

知识目标:识记中华文化走过的辉煌历程、近代中华文化走向衰微的原因、表现;理解中华文化源远流长的原因,汉字与史学典籍是中华文化源远流长的见证;联系现实,结合事例说明如何创造中华文化新的辉煌。

能力目标:培养综合分析能力。对文化的理解离不开历史和地理知识,通过整合不同学科知识,加深对中华文化的理解。

情感、态度与价值观目标:感受中华文化的生命力、凝聚力和创造力,增强对中华文化和社会主义祖国的热爱之情,增强民族自豪感、自尊心和自信心。

【知识逻辑】

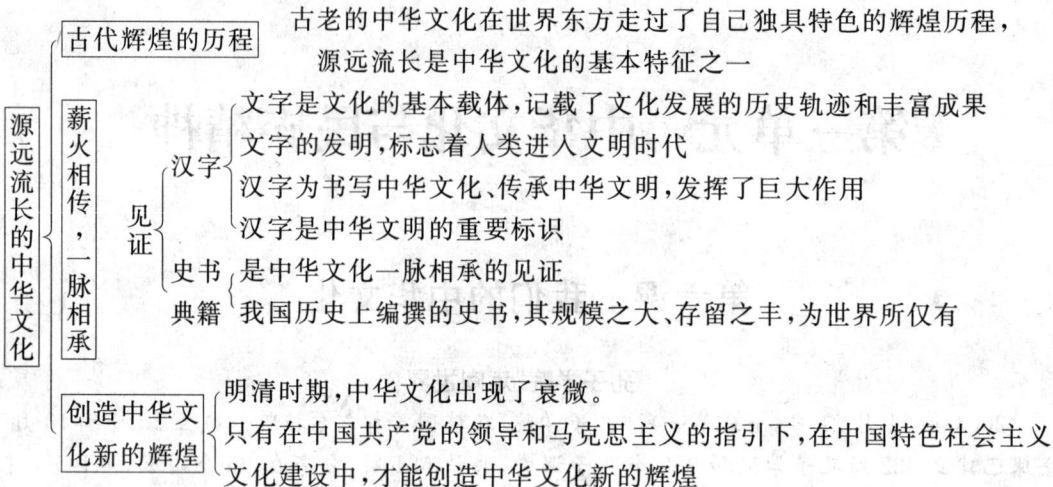

【自学导航】

1.殷周时期,天命神权思想和_____思想,对早期中华文化产生了深刻的影响。春秋战国时期,诸子蜂起、_____,逐渐形成了中华文化思想的雏形。秦的统一,促进了统一的_____的发展,在中华文化史上具有划时代的意义。汉代,_____确立了至尊地位。隋唐时期,古代中华文化高度发展,进入了气度恢弘的全盛时代。宋元明时期,中华文化在史学、文学艺术和科技等方面有巨大成就,同时也产生了影响后期封建社会发展的_____。明清时期,随着西方近代文化思想的传入,中国传统文化思想面临西方_____的冲击。

2._____是中华文化的基本特征之一。作为其特征的见证,_____和_____是很有说服力。

3._____是文化的基本载体,记载了文化发展的历史轨迹和丰富成果。

4.文字的发明,使人类文明得以_____,标志着人类进入_____时代。

5._____文化内涵丰富,是中华文明的重要标志。

6._____,是中华文化一脉相承的重要见证。

7.随着_____的日渐没落和_____的巨大冲击,中华文化也经历了衰微的过程。

8.实践证明,只有在_____的领导和_____的指引下,才能创造中华文化新的辉煌,实现中华民族的伟大复兴。

9.我们要全面认识祖国传统文化,_____,_____,使中华文化的发展与_____相适应,与_____相协调,既保持_____,又体现_____。

10.中华文化走过了一个怎样的独特历程?

11.如何创造中华文化"新的辉煌"?

【要点导释】

1.古代中华文化取得辉煌成就的原因。

(1)经济、政治原因:经济是基础,经济、政治决定文化,文化是经济、政治的反映。纵观我国文化发展的历程,其繁荣时期无不是国家经济发展较快、政治稳定、民族统一的时期。

(2)文化原因:文化具有继承性和相对独立性,文化自身的传承与发扬,也是文化发展的重要原因。

(3)经济、政治、文化交流:中外经济政治文化交流,使中华文化广泛吸收了外来文明,在这种兼收并蓄的过程中,中华文化得到充实。

(4)历史上的民族融合,促进了文化的交融和升华。

2.如何理解中华文化源远流长的特征。

(1)中华文化源远流长的含义:中华文化源远流长这是相对于古代两河流域文化、古埃及文化、古印度文化的断代而言的,中华文明史是人类文明史上唯一没有中断而延续至今的古老文明。

(2)中华文化源远流长的原因:①汉字是文化的基本载体,记载了文化发展的历史轨迹和丰富成果,汉字为书写中华文明、传承中华文化发挥了巨大的作用,汉字是中华文明的重要标志;②史书典籍是中华文化一脉相传的重要见证,中华民族自古以来就十分重视历史经验,重视保存历史资料;③中华文化源远流长还得益于它所特有的包容性。

【高考在线】

1.(2010 政治单科模拟)"素胚勾勒出青花笔锋浓转淡,瓶身描绘的牡丹一如你初装",韵味传神的青花瓷穿越千年的历史,向人们展示了中华文化的(   )。

A.包容广纳　　　B.推陈出新　　　C.博大精深　　　D.源远流长

答案:D。

解析:韵味传神的青花瓷穿越千年的历史说明了中华文化的历史悠久,体现了其源远流长的特征,只有D符合题意,其他选项都偏离了题干的主旨。

2.(2010 山东模拟)为推动社会主义文化的繁荣与发展,我国高度重视文化典籍的整理工作。这是基于(   )。

① 文化典籍是中华文化一脉相传的重要见证

② 优秀的文化典籍可以直接转化为物质力量

③ 整理文化典籍有利于挖掘和保护传统文化

④ 阅读文化典籍可以帮助人们认识中华文化

A.①②④　　　B.①③④　　　C.①②③　　　D.②③④

答案:B。

解析:本题采用排除法即可。文化作为一种精神力量,能够在人们认识世界和改造世界的过程中转化为物质力量,但不是"直接"转化,故②项错误。

3.(2010 浙江模拟)"扁担宽板凳长,扁担想绑在板凳上……各种颜色的皮肤、各种颜色的头发,嘴里念的说的开始流行中国话"这首广为传唱的《中国话》表明(   )。

A. 推广汉语是世界文化多元化的需要

B. 中华文化与其他文化相比具有优越性

C. 汉语在中外文化中的交流越来越重要

D. 汉语是现代文化传播的一种主要手段

答案:C。

解析:"各种颜色的皮肤、各种颜色的头发,嘴里念的说的开始流行中国话"说明世界广传中国话,体现了在世界上流传汉语的重要性,只有 C 符合题意,其他选项都偏离了题干的主旨。

【合作探究】

历时十余载的《中华人民共和国非物质文化遗产法》于 2011 年 6 月 1 日正式实施。6 月 6 日,是我国传统佳节端午节。6 月 11 日,又迎来我国第六个"文化遗产日"。为继承和弘扬中华民族优秀传统文化,深入宣传、贯彻、落实《非物质文化遗产法》,文化部将今年"文化遗产日"活动的主题确定为"依法保护,重在传承"。"文化遗产日"期间,文化部和全国各地文化部门将举办中华世纪坛非遗三大展、国家图书馆中华典籍特展、澳门非遗展演、成都第三届非遗节等一系列生动丰富、独具特色的非物质文化遗产宣传展示活动。

运用相关知识,结合材料,论述新时期该如何创造中华文化新的辉煌。

【学习体验】

课堂体验

1. 中华文化发展史上具有划时代意义的时期是( )。

A. 春秋战国时期　　　B. 秦朝　　　　C. 隋唐时期　　　D. 明清时期

2. 我国古代很长一段时间,一直使用竹木简牍作为文字的主要载体。1907 年,英籍匈牙利人斯坦因首次在敦煌等地挖掘到了大量汉代简牍,轰动了世界。汉代简牍以生动、具体的实物形态记载了两千多年前中华民族历史文化的真实面貌,充分反映了中国古代文化的特色,是珍贵的历史文化遗产。这表明( )。

A. 汉字与史书典籍是中华文化源远流长的见证

B. 中华文化曾长期居于世界文化发展的前列

C. 中华文化具有源远流长、绵延不断的特征

D. 中华文化有着自己独具特色的发展历程

3. 早在秦汉以前,我国民间过年就有悬挂桃符的习俗;到了五代,人民开始把联语题于桃木板上;宋代以后,民间新年悬挂春联已相当普遍;一直到明代,人们才开始用红纸代替桃木板,出现了沿用至今的春联。这主要说明( )。

A. 中华文化一成不变　　　　　　B. 中华文化具有多样性

C. 中华文化具有明显的区域特征　　D. 中华文化源远流长

4. 我国在夏商时期就有了史官,他们编写的大量史书使得中华文明得以传承下来,如

《春秋》、《战国策》、《史记》、《资治通鉴》等。这主要说明(   )。

    A.史书典籍是中华文化的重要见证   B.我国史书规模浩大,存留丰富

    C.我国古代史官实行世袭制度   D.中华文化,一脉相承

    5.近代中国文化衰微的原因有(   )。

    ①中国封建统治的日渐没落   ②西方近代工业文明的冲击

    ③戊戌变法出现   ④辛亥革命爆发

    A.①②   B.③④   C.①②③   D.①③④

课外体验

1.下列关于古代中华文化的说法正确的是(   )。

①殷周时期是中华文化最初的形成时期   ②春秋战国时期中华文化得到大发展   ③秦朝的统一促进了中华文化的发展   ④宋朝时儒家学说确立了至尊地位   ⑤隋唐中华文化达到全盛时期   ⑥元朝时中国文化开始走向衰落

    A.①③④⑤   B.②④⑤⑥   C.②③⑤   D.①②③④⑤⑥

2.中国有修史的传统,"国有史、方有志、家有谱"。继承这一传统,有利于中华文化(   )。

    A.薪火相传、一脉相承   B.以我为主、为我所用

    C.继承传统、缺乏创新   D.面向世界、博采众长

3.下列关于文字的表述,正确的是(   )。

①是文化的基本载体   ②其发明标志着人类进入文明时代

③汉字是中华文明的重要标识   ④是中华文化一脉相传的重要见证

    A.①②③   B.②③④   C.①②④   D.①③④

4.文化是一个民族的灵魂。一个发展的民族,必然要有一种生机勃勃、昂扬向上的精神。一个前进的时代,必须要有向上的精神。我们要想实现全面的小康,就要建设社会主义精神文明,大力发展文化生产力。中华文化源远流长、具有强大生命力的原因是(   )。

①中华文化没像其他文明一样,因外族入侵而中断、湮灭   ②汉字的演变与使用   ③史书典籍的传承   ④中华文化与其他文化之间求同存异、兼收并蓄

    A.①②   B.①②③   C.②③   D.②③④

5.每年一次的深港澳台少儿文化艺术夏令营会吸引来自深港澳台四地的中小学生参加。孩子们分别到中华民俗文化村、深圳博物馆、南山书城等地参观交流,开展一系列丰富多彩的活动。之所以开展上述活动是因为(   )。

    A.文化艺术素质是全面提高青少年素质的前提

    B.中华文化博大精深,源远流长

    C.感悟源远流长的中华文化,有助于增强民族的凝聚力

    D.丰富学生暑期生活有利于青少年健康成长

6.2011 年 4 月 14 日,温家宝总理在同国务院参事和中央文史研究馆馆员座谈时指出:"近年来相继发生'毒奶粉'、'瘦肉精'、'地沟油'、'彩色馒头'等事件,这些恶性的食品安全

事件足以表明,诚信的缺失、道德的滑坡已经到了何等严重的地步。……我们要从绵延数千年的中华优秀传统文化中汲取营养,从世界优秀的文明成果中取长补短,从而培育具有时代精神、自尊自信、深入人心的社会主义道德风尚。"

结合材料分析中华传统文化在社会主义市场经济条件下起到的作用。

博大精深的中华文化

【课标导读】

知识目标:识记文学艺术、科学技术对中华文化的意义,区域文化的特点;理解中华文化博大精深的涵义,区域文化的成因;联系现实,结合事例说明中华文化所特有的包容性。

能力目标:培养学生全面地、历史地分析中华文化的基本特征的能力。

情感、态度与价值观目标:帮助学生充分认识中华文化的特征,增强民族自豪感、自尊心、自信心。

【知识逻辑】

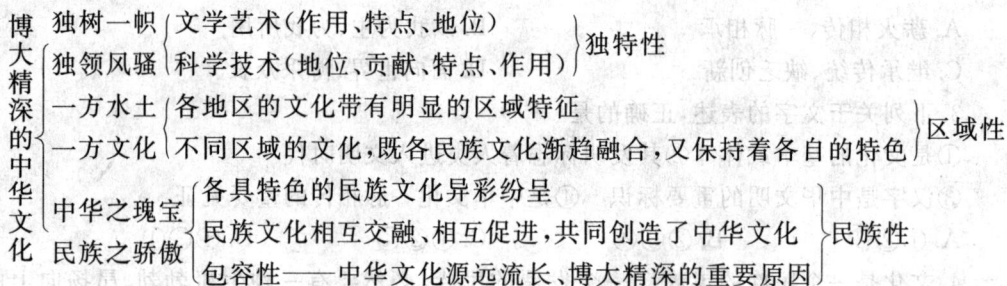

【自学导航】

1.文学艺术对于反映_____、展示_____有独特的作用。

2.科学技术是一个民族_____重要标志之一。总的来说,我国古代科学技术注重_____,具有_____性和_____性的特点。

3.我国幅员辽阔,各地_____千差万别,_____不同。受_____、_____等因素的影响,我国各地区文化带有明显的_____特征。

4.不同区域的文化,长期相互交流、相互借鉴、相互吸收,既_____,又_____。

5.中华各民族的文化,既有_____的共性,又有各自的_____特性。

6.中华民族各兄弟民族文化的相互交融、相互促进,共同熔铸了灿烂的_____。

7.中华民族各族人民对中华文化的_____和_____,显示了中华民族厚重的_____和强大的_____。

8.中华文化之所以源远流长、博大精深,一个重要原因在于它特有的_____,即_____和_____。

9.求同存异和兼收并蓄的含义是什么?

【要点导释】

1.中华文化的基本特征:源远流长与博大精深的关系。

(1)区别:①侧重点不同:源远流长侧重于从动态上即从中华文化发展的轨迹上说明中华文化的特征,表现中华文化历史悠久,在历史发展的长河中从未中断过。博大精深侧重于从静态上,从中华文化的内涵上说明中华文化的特征,表明中华文化独树一帜、独领风骚。

②二者表现不同:源远流长表现为古代中华文化辉煌的历程。汉字和史学典籍是中华文化源远流长的见证。博大精深表现为中华文学艺术、科学技术在世界上独树一帜;区域文化、民族文化异彩纷呈。

(2)联系:①都是中华文化区别于其他文化的特征。

②中华文化特有的包容性是中华文化源远流长和博大精深的原因。

2.中华文化的包容性

(1)什么是中华文化的包容性。

中华文化的包容性包括求同存异和兼收并蓄两层含义。所谓"求同存异",就是能与其他民族的文化和谐相处;所谓"兼收并蓄",就是能在文化交往中吸收、借鉴其他民族文化中的积极成分。

(2)中华文化的包容性的意义(作用):有利于各民族文化在和睦的关系中交流,增强对自身文化的认同和对其他民族文化的理解。

【高考在线】

1.(2010天津卷)目前,在我国少数民族中,有22个民族的人口在10万以下,有的不足5000人。由于人口较少民族的核心文化区范围小,其文化传承的状况堪忧。面对这一现象,当务之急是(　　)。

A.提高发展民族传统文化的能力　　　B.增强对本民族文化的认同感
C.抢救和保护少数民族特色文化　　　D.加强与其他民族文化的融合

答案:C。

解析:针对少数民族文化传承的困境,急需要我们做的是抢救和保护少数民族特色文化以维护文化的多样性。A项与现实状况不符;B项不能解决当前问题;D项与题意不符。

2.(2010广东卷)当前,在大力弘扬中华文化的过程中,广东省重点打造"岭南文化、活力商都、黄金海岸、美食天堂"四大品牌。这表明(　　)。

A.地域文化具有各自的特色

B.地域文化都是在本地域独立形成的

C.地域文化之间没有共性

D.中华文化在性质上是全国地域文化的总和

答案:A。

解析:本题考查文化创新及中华文化的特点,考查学生解读和获取信息的能力。我国不同区域的文化,长期相互交流、相互借鉴、相互吸收,既渐趋融合,又保持着各自特色。故A

正确;B和C错误;D混淆了中华文化与地域文化在整体与部分,共性与个性方面的关系。

3.(2010江苏卷)我国各少数民族在长期的发展过程中形成了独具特色的优秀文化成果,如藏族的《格萨尔王传》、蒙古族的《江格尔》和柯尔克孜族的《玛纳斯》等一直流传至今,这些文化成果都是中华文化的瑰宝。这表明(   )。

①中华文化是共性与个性的统一　②中华文化具有兼收并蓄的特点
③各民族文化的差异逐步消失　④中华文化源远流长、博大精深

A.①②③　　　　　　B.②③④　　　　　　C.①②④　　　　　　D.①③④

答案:C。

解析:本题考查中华文化的特征。③违背文化多样性原则,排除含③的选项。

【合作探究】

2011年6月8日,历经长时间策划与筹备的《乾隆花园展》暨"中国之夏文化节"在美国威斯康星州密尔沃基市艺术博物馆隆重拉开序幕。该展览展出故宫博物院收藏的101件(套)艺术珍品,种类包括绘画、书法、瓷器、铜器、玉器和家具等,其中许多展品堪称稀世瑰宝,如十六扇镶玉绘金花草图案屏风、嵌玉十八罗汉漆屏、金刚佛像和描金多宝阁等。此次展览集中展示了辉煌灿烂的中国古代文明及文化艺术成就,使世界进一步加深了对中国文化的了解,也加强中华文化与其他优秀文化的交流与合作。

请结合材料,分析说明其中蕴含的中华文化的特征。

【学习体验】

课堂体验

1.下列对中国文学艺术评价不正确的是(   )。

A.中华文学艺术历史悠久

B.中华文学艺术内涵丰富,形式绚烂多彩

C.中华文学艺术充分体现了中华民族的创造力

D.中华文学艺术在世界文学艺术中独树一帜,占居首位

2.下列关于我国古代科学技术对中华文化重要性的看法正确的是(   )。

A.科学技术是一个民族文明程度的重要标志

B.我国的"神舟五号"载人航天成功体现了我国科技处于世界前列

C.我国古代科学技术具有实用性和整体性特点

D.我国古代科学技术展现了中华文化的博大精深

3.下列对"一方水土、一方文化"理解正确的有(   )。

A.这是由我国各地的自然条件千差万别、经济社会发展程度不同造成的

B.这体现了我国文化的博大、多彩、精深

C.吴越文化是典型的水乡文化;滇黔文化具有边陲山寨文化特征

D.不同区域文化保持各自的特色,不相融合

4.我国许多少数民族能歌善舞。侗族大歌、壮族山歌、蒙古族舞蹈、维吾尔族舞蹈、藏族舞蹈、朝鲜族舞蹈等都极具特色。由此可以看出( )。

①中华文化呈现多种民族文化的丰富色彩 ②各民族文化各具特色,水火不容
③各民族文化有各自的民族特性 ④各民族文化独立于中华文化
A.①② B.①③ C.①④ D.②④

5.2008年6月18日,中国邮政发行了《海峡西岸建设》特种邮票和邮资封。在《海峡西岸建设》特种邮票中,有俩枚以"闽台缘博物馆"和"湄洲妈祖"为题材,展现了"闽台关系"地缘近、血缘亲、文缘深、商缘广和法缘久的特点。"五缘"显示了闽、台文化之间( )。

①同根同源,一脉相承 ②相互交融,相互借鉴
③独树一帜,独领风骚 ④一方水土,一方文化
A.①② B.②④ C.①③ D.③④

课外体验

1.吴越文化是典型的水乡文化,滇黔文化具有边陲山寨文化特征。这说明( )

A.中华文化具有明显的区域特征
B.中华文化源远流长、博大精深
C.中华文化是各地区文化的松散集合
D.我国各地区文化各具特色,互不相容

2.各地区的文化带有明显的区域特征,是因为( )。

①各地自然条件千差万别 ②经济社会发展程度不同
③不同区域的文化相互交流、相互吸收 ④各族人民对中华文化有认同感和归属感
A.①② B.①②④ C.①②③ D.①②③④

3."各民族文化共同创造了中华文化"并不是说各民族文化的简单相加就形成了中华文化,而是说各民族文化在交流传播的过程中相互交融、相互促进,共同创造了中华文化。中华文化是我国各民族人民共同创造的,民族文化是中华文化的重要组成部分。下面对民族文化与中华文化的关系的认识,错误的是( )。

A.中华文化呈现着多种民族文化的丰富多彩
B.中华各民族文化,既有中华文化的共性,又有各自民族的特性
C.各民族文化的总和构成了中华文化
D.各民族文化都是中华文化的瑰宝,都是中华民族的骄傲

4.佛教是世界三大宗教之一,产生于公元前6世纪的古印度,公元前3世纪被定为印度国教,并开始向国外传播。佛教传入中国后,对中国人的思想意识、民族关系、文化艺术、风俗习惯产生了深刻的影响,并随着时间的推移成为中国的主要宗教教派,其主要原因是( )。

A.中国没有自己的宗教 B.中国本土的宗教没有生命力
C.中国文化的包容性强 D.中国文化源远流长

5.一位英国学者在对著名科学史学者李约瑟的巨著《中国科学技术史》进行提炼后,得

出了这样一个结论:"'现代世界'赖以建立的种种基本发明和发现,可能有一半以上源于中国。"这一结论说明(   )。

①中华文化在世界文化中占有重要位置

②中华文明对世界文明作出了重大贡献

③中华文化博大精深、独树一帜

④中华艺术展现了中华民族的精神向往和美好追求

A.①②③   B.①②④   C.②③④   D.①③④

6."山水合璧—黄公望与富春山居图"特展开幕式,于 2011 年 6 月 1 日上午 10 时在台北故宫晶华三楼宴会厅举行。分隔 360 年之后,浙江省博物馆馆藏的《富春山居图》(剩山图)与台北故宫博物院院藏《富春山居图》(无用师卷)终于重相逢。一幅《富春山居图》的合璧展出,说明两岸文化交流的深入发展和人心所向。两岸应以"九二共识"为基础,相互理解、包容,积极推动适时签署两岸文化交流协议,将两岸文化交流与合作纳入机制化发展的轨道,使之更加密切、更加健康、有序地发展,共同为传承和弘扬中华文化作出贡献。

台湾文化与中华文化之间是怎样的关系?这种关系对我们推动祖国统一大业有何启示?

第七课   我们的民族精神

弘扬伟大的抗震救灾精神

2011 年 5 月 12 日,四川省委书记刘奇葆在《人民日报》发表文章《炼尽黄沙自是金——"5·12"汶川特大地震三周年记》。文章指出:三年前,特大地震撕裂巴蜀大地,但是灾区群众从废墟上站立起来,一砖一瓦建设家园。党员干部奋战在困难最多、危险最大的地方,用冲锋在前、舍生忘死的行动诠释着共产党人的先进性。在艰苦异常的极重灾区,18 个省市的援建工作者不分昼夜、不知疲倦地奋战在一线,有的战友甚至永远长眠在这里。多少鞠躬尽瘁的情怀,多少凤兴夜寐的艰辛,多少披荆斩棘的坚毅,就这样创造了人间奇迹!多难兴邦,中华民族五千多年来一次次从灾难中崛起,伟大的民族精神生生不息、绵延不绝。重建家园中,我们感受到了无疆大爱,得到了八方援助,同时自力更生、自强不息的奋斗精神也熠熠闪光。"有手有脚有条命,天大的困难能战胜"、"出自己的力,流自己的汗,自己的事情自己干",青川受灾群众自建住房上的两条标语,喊出了灾区人民不等不靠、用勤劳双手重建家园的自信与豪情,是灾区以至整个四川精神风貌的生动写照。

上述材料体现了什么样的中华民族精神?依据上述材料,说明中华民族精神的作用有哪些?

永恒的中华民族精神

【课标导读】

知识目标:识记民族精神、中华民族精神的涵义、中华民族精神的基本内涵及其核心;理解中华文化与中华民族精神的关系、中华民族精神的基本含义、中华民族精神的巨大作用。

能力目标:感受中华民族精神的巨大作用和力量,善于结合我国优秀传统文化、传统美德,感悟民族精神的基本内涵。重点培养学生全面分析问题的能力。

情感、态度与价值观目标:增强对优秀民族文化、传统美德和民族精神的认同感;增强对社会主义祖国和中国共产党的热爱之情;认同爱好和平、团结统一、勤劳勇敢、艰苦奋斗、自强不息的民族优良品格,保持艰苦奋斗、积极进取的精神。

【知识逻辑】

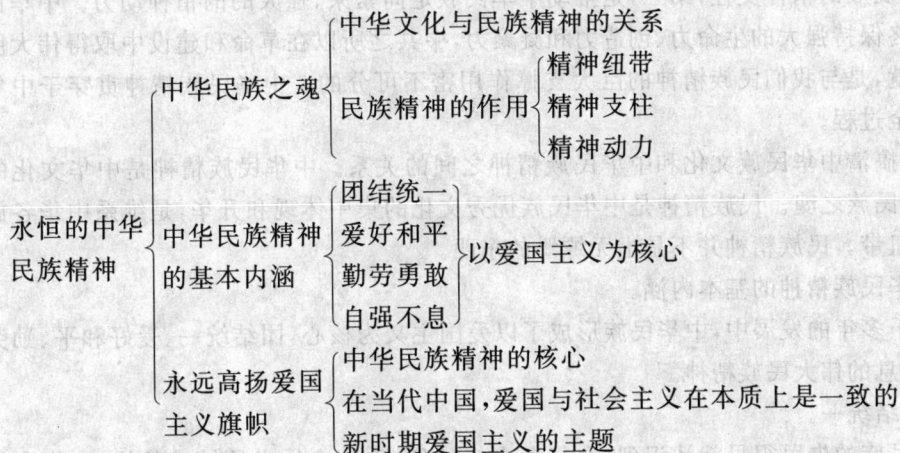

【自学导航】

一、中华民族之魂

1.中华文化的力量,集中表现为_____的力量。

2.中华民族精神的作用:始终是维系中华各族人民共同生活的_____,支撑中华民族生存、发展的_____,推动中华民族走向繁荣、强大的_____,是中华民族之魂。

二、中华民族精神的基本内涵

中华民族精神的基本内涵:以_____为核心,_____、_____、_____、_____的伟大民族精神。

三、永远高扬爱国主义的旗帜

1._____是中华民族精神的核心,民族精神的各个方面无不体现着_____这个主题。

2.爱国主义不是抽象的,而是_____。在不同的历史时期,爱国主义有共同的要求,也有不同的具体内涵。在当代中国,爱祖国与爱_____本质上是一致的。

3._____,是新时期爱国主义的主题。

4.中华民族精神集中体现了中华民族的整体风貌和精神特征,体现了中华民族共同的_____,是中华民族永远的_____。

5.为什么说爱国主义是中华民族精神的核心?

6.“爱国就是爱社会主义,不爱社会主义等于不爱国。”你认为这个观点对吗?请阐述理由。

【要点导释】

1.中华民族精神是中华民族之魂。

中华文化的力量,集中体现为民族精神的力量。数千年的中华优秀文化孕育了中华民族精神,中华民族精神是中华文化的精髓。教材分别从历史、现实和未来三个角度说明了伟大民族精神的作用:第一,始终是维系中华各族人民共同生活的精神纽带;第二,是支撑中华民族生存、发展的精神支柱;第三,是推动中华民族走向繁荣、强大的精神动力。中华民族之所以始终保持强大的生命力、创造力和凝聚力,中共之所以在革命和建设中取得伟大胜利和辉煌成就,是与我们民族精神的巨大支撑作用密不可分的。中华民族精神贯穿于中华民族发展的全过程。

注意:搞清中华民族文化和中华民族精神之间的关系。中华民族精神是中华文化的精髓,是中华民族之魂。民族精神是中华民族优秀文化的集中体现和升华,是维系中华各族人民的精神纽带。民族精神并不是虚无缥缈的东西。

2.中华民族精神的基本内涵。

在五千多年的发展中,中华民族形成了以爱国主义为核心,团结统一、爱好和平、勤劳勇敢、自强不息的伟大民族精神。

(1)团结统一。

中华民族的先民很早就认识到,在复杂多变的环境中,个体必须结成整体,才能求得生存和发展。这种整体意识在全民族得到普遍认同和升华,成为团结统一精神。

中华民族团结统一的精神,无论在国家顺利发展、兴旺发达的时期,还是在祖国面临危难、生死存亡的关头,都迸发出强大的力量,使任何征服或分裂中华民族的企图都不能得逞。

(2)爱好和平。

中华民族素来以热情好客、睦邻友好、崇尚交流著称于世,以“礼仪之邦”享誉于史。

在当代国际社会中,中国高举和平、发展、合作的旗帜,奉行独立自主的和平外交政策,始终不渝地走和平发展道路,反对霸权主义和强权政治,为维护世界和平、促进共同发展作出了重要贡献,赢得了世界人民的广泛赞誉。

注意:爱好和平,走和平发展之路,并不表明为了维护自己国家的安全,就要放弃正义的战争,在外敌入侵或其他分裂祖国行为存在时,我们也要用武力来维护自己国家的利益,这与爱好和平并不矛盾。

(3)勤劳勇敢。

中华民族历来把吃苦耐劳、勤俭节约、艰苦朴素、不畏强暴、英勇顽强视为重要的优良品格。正是这种勤劳勇敢精神，奠定了中华民族坚不可摧的立业根基。

中国共产党人在自己长期的奋斗历程中，将勤劳勇敢精神发扬光大，使艰苦奋斗成为我们党的优良传统和作风，领导中国人民创造了一个又一个令世人瞩目的业绩。

（4）自强不息。

在历代中国人民的创业实践中，自强不息精神逐渐积淀为中华民族的内在气质，成为鞭策中华儿女不断开拓进取的、永恒的精神力量。

3.爱国主义是中华民族精神的核心。

中华民族具有爱国主义的深厚传统，爱国主义一直是中华文明的思想主流，它是中华民族几千年凝结起、积淀起来的对祖国最深厚、最高尚的感情，也曾培育了无数的爱国志士。爱国主义在不同的时代有着不同的内涵和要求，祖国和热爱祖国都不是抽象的，爱国主义具有与时代同步的具体内涵。因此，它是具体的、历史的精神力量。在当代中国，热爱祖国与热爱社会主义在本质上是一致的；建设社会主义，拥护祖国统一，是新时期爱国主义的主题。我们应该把爱国情怀倾注于热爱和建设社会主义祖国的行动当中去。爱国主义是中华民族精神的核心，其地位可以用下图表示：

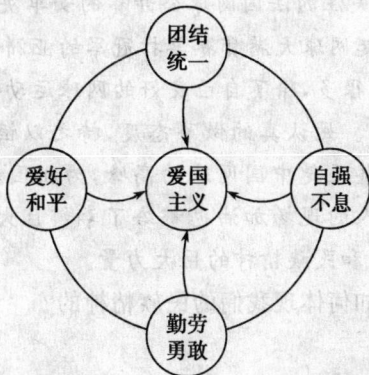

【高考在线】

1.（2009 广东文基）孙中山"集毕生之精力以赴之，百折而不挠"地从事革命事业所表现出的民族精神是（　　）。

A.善良朴实　　　　B.爱好和平　　　　C.自强不息　　　　D.艰苦朴素

答案：C。

解析：题干中"集毕生之精力以赴之，百折而不挠"这句话中的"百折而不挠"体现了一种自强不息的民族精神。故应选 C 项，其他选项与题意无关。

2.（2010 江苏卷）为了推动群众性爱国主义教育活动的深入开展，中宣部、中组部等 11 个部门联合组织了"双百"人物的评选活动。2009 年 9 月 10 日，评选出了 100 位为新中国成立作出突出贡献的英雄模范人物和 100 位新中国成立以来感动中国的人物。之所以要开展群众性爱国主义教育活动，因为爱国主义是（　　）。

①中华民族精神的核心　②思想道德建设的重点

③中国人民团结奋斗的旗帜　④公民追求的最高道德目标

A.①②   B.①③   C.②④   D.③④

答案:B。

解析:爱国主义是中华民族精神的核心,它贯穿于民族精神中个各个方面,即团结统一、爱好和平、勤劳勇敢、自强不息当中,因此①③符合题意,应选B项。

3.(2011 福建卷)"双百人物"(100 位为新中国成立作出突出贡献的英雄模范人物和 100 位新中国成立以来感动中国的人物)用自己的言行,传承着中华民族的优秀品质,让我们在感动中实现精神的升华。他们的身上折射出,在当代中国(   )。

A.民族精神生生不息、历久弥新   B.核心价值博大精深、人人践行
C.中华美德治国化民、指引方向   D.传统文化源远流长、凝聚力量

答案:A。

解析:"双百"人物传承着中华民族的优秀品质说明民族精神薪火相传、越烧越旺,选项 A 合乎题干要求;中华文化源远流长,博大精深,B、D 项说法错误;在当代中国指引方向的是马克思主义,C 项排除。

【合作探究】

2011 年 6 月 4 日,在备受关注的法国网球公开赛的女单决赛中,中国金花李娜直落两盘胜出,创造历史成为第一个捧起网球大满贯赛单打冠军的亚洲选手,书写了中国网球灿烂的辉煌时刻。李娜成功的原因有很多,除了自己良好的网球运动天赋和强烈的爱国热情外,还与平常艰辛的训练是分不开的。她认真的做事态度,持之以恒,不半途而废,纵使遇到困难也绝不放弃,终于站在了自身甚至是中国网球的高峰,为祖国和人民争得了荣誉。另外,祖国人民的鼓励和关注,海外华人的现场加油也都给了李娜巨大的动力和信心。这些都展现了中华民族强大的民族凝聚力和民族精神的巨大力量。

结合材料,李娜的成功是如何体现我们的民族精神的?

【学习体验】

课堂体验

1.关于中华文化和民族精神的关系说法正确的是(   )。

①中华文化的力量,集中体现为民族精神的力量   ②中华民族精神,根植于绵延数千年的优秀文化传统之中,始终是维系中华各民族共同生活的精神纽带   ③中华文化和中华民族精神是一样的   ④中华民族精神是中国人民在长期共同生活和社会实践的基础上形成的

A.①②③   B.②③④   C.①②④   D.①②

2.关于"民族精神"的说法正确的是(   )。

①民族精神是一个民族在长期共同生活和社会实践基础上形成的优秀文化传统的结晶
②民族精神集中体现了一个民族独有的精神特质   ③民族精神是中华民族之魂   ④民族精神是一个民族与其他民族相区别的重要特征

A.①②③   B.①②④   C.①②   D.①②③④

3.下列诗词格言不能直接体现中华民族精神的是（　　）。

A.天下兴亡,匹夫有责　　　　　B.欲穷千里目,更上一层楼

C.宝剑锋从磨砺出,梅花香自苦寒来　　D.苟利国家生死以,岂因祸福避趋之

4.在中国格言的海洋里,有两个意义相近的古老成语:"四海之内皆兄弟"(子夏)、"四海之内若一家"(荀子)。这主要体现了中华民族精神基本内涵中的（　　）。

①团结统一　②爱好和平　③勤劳勇敢　④自强不息

A.①②　　　　B.②③　　　　C.①③　　　　D.①④

5.爱国主义是中华民族精神的核心,它贯穿民族精神的各个方面。下列对爱国主义理解不正确的是（　　）。

①爱国主义是思想观念,而不是具体行动　②在当代中国,爱国和爱社会主义在本质上是一致的　③在不同的历史时期,爱国主义的具体内涵都是相同的　④爱国主义是人们千百年来形成的对祖国最深厚的感情

A.①②　　　　B.①④　　　　C.②④　　　　D.①③

课外体验

1.陆游的诗句:死去原知万事空,但悲不见九州同。王师北定中原日,家祭无忘告乃翁。诸葛亮的名句:鞠躬尽瘁,死而后已。这些都生动体现了中华民族精神中的（　　）。

①天下兴亡、匹夫有责的爱国情怀

②淡泊名利、宁静致远的超然胸襟

③公正廉洁、崇尚平等的民主精神

④自强不息、坚忍不拔的顽强斗志

A.①②　　　　B.②③　　　　C.①③　　　　D.①④

2.据《中华工商时报》报道:为纪念中国共产党建党 90 周年,缅怀改革开放总设计师邓小平的丰功伟绩。近日,重庆市工商联组织重庆民营企业家赴广安市"邓小平故居"接受爱国主义主题教育。这样做是因为（　　）。

①爱国主义是中华民族精神的核心　②爱国主义不是抽象的,而是具体的　③爱国主义是鼓舞和动员中国人民团结奋斗的一面旗帜和精神支柱　④爱国主义直接推动了中华民族的振兴和繁荣

A.①②　　　　B.①③　　　　C.②③　　　　D.②④

3.针对过去出现的"不爱社会主义不等于不爱国"的论调,江泽民同志曾明确表示:"在今天,我们讲爱国就是要爱社会主义祖国"。爱国和爱社会主义在本质上是一致的,这是因为（　　）。

A.实践证明了只有社会主义才能拯救和发展中国

B.社会主义已经成为当今时代的主题

C.社会主义有利于实现共同富裕,消灭剥削和贫富差距

D.社会主义能解决中国所遇到的一切困难和问题

4.2011 年 2 月 14 日,郭明义荣获 2010 年感动中国人物,他被称为新时期雷锋的传人。

其颁奖词为:他总看别人,还需要什么;他总问自己,还能多做些什么。他舍出的每一枚硬币,每一滴血都滚烫火热。他越平凡,越发不凡;越简单,越彰显简单的伟大。从颁奖词中可以看出郭明义身上体现了( )。

①团结统一的伟大民族精神　②爱好和平的伟大民族精神
③勤劳勇敢的伟大民族精神　④自强不息的伟大民族精神

A.①②　　　　　　B.②④　　　　　　C.①③　　　　　　D.③④

5.中华体育健儿在第16届亚运会暨广州亚运会上取得了199枚金牌的好成绩。但在冠军们的背后,还有一批无名英雄:陪练。他们选择了牺牲,选择了寂寞和奉献,对他们而言,"祖国的荣誉高于一切"。这表明( )。

①爱国主义不是抽象的　②只有拿冠军为国争光,才是真正的爱国　③爱国与在本职岗位上踏实工作是一致的　④中华民族的精神渗透于具体工作中

A.②③④　　　　　B.①②③　　　　　C.①③④　　　　　D.①②④

6.2010年8月7日,甘肃甘南藏族自治州舟曲县突降暴雨,县城北面的罗家峪、三眼峪泥石流下泄,由北向南冲向县城,造成沿河房屋被冲毁,泥石流阻断白龙江,形成堰塞湖。面对严重的灾情,当地各项抢险救灾工作全力展开,在发生泥石流的排洪沟及两边的受损房屋里,许多解放军不顾危险全力抢救和寻找失踪人员,许多千里驰援的警察来不及休息,就投入到救灾抢险的行列当中。各有关部门各司其职、紧密配合,党员干部充分发挥模范带头作用,组织带领群众抢险救灾。中央财政向灾区紧急下拨综合财力补助资金5亿元,用于抢险救灾、受灾群众转移安置和生活救济、伤员救治和卫生防疫、基础设施修复和堰塞湖处理以及因灾倒塌房屋恢复重建等方面。社会各界积极向灾区捐款捐物,中国红十字会总会和各地红十字会已累计向舟曲泥石流灾区提供价值近350万元的紧急援助。中华民族正是依靠这种精神,在无数次灾难面前,挺起了摧不垮的民族脊梁。

(1)灾难面前,中华民族正是依靠这种精神,挺起了摧不垮的民族脊梁。这种精神是指什么? 材料中具体体现了这种精神中的哪些方面?

(2)为什么说中华民族正是依靠这种精神,挺起了摧不垮的民族脊梁?

弘扬中华民族精神

【课标导读】

知识目标:识记中华民族精神的形成和发展;理解弘扬中华民族精神的必要性及意义;结合当今世界思想文化发展的实际及社会主义现代化建设的要求,分析说明弘扬和培育中华民族精神的必要性及重大意义。

能力目标:联系历史和现实,提高明辨是非的能力及透过现象把握本质的能力。

情感、态度与价值观目标:通过学习,提高对弘扬中华民族精神的必要性和重大意义的认识,增强爱国主义情感,树立民族自豪感和自信心,为中华民族精神继承和发扬贡献自己的力量。

【知识逻辑】

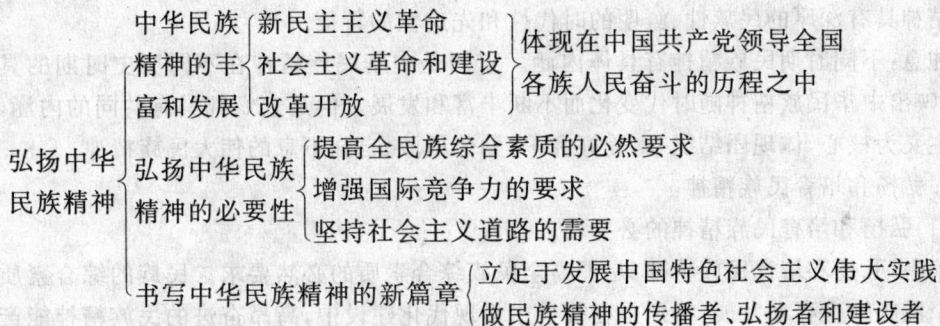

【自学导航】

一、薪火相传,越燃越旺

了解民族精神随时代变化而不断丰富和发展。

(1)近百年来,中华民族精神的丰富和发展,主要体现在_____之中,体现在_____的各个时期。

(2)在新民主主义革命时期,_____,就已经成为现代中华民族精神的主体,具有深厚的_____,鲜明的_____和_____。例如,_____、_____、_____、_____,都是这个时期中华民族精神的突出体现。

(3)新时期,中国共产党人继续弘扬中华民族精神,_____、_____、_____、_____和_____都是这个时期中华民族精神的突出体现。

二、永远高擎中华民族的精神火炬

为什么要弘扬中华民族精神?

面对世界范围各种思想文化的相互激荡,要求必须更高地_____,把_____作为文化建设极为重要的任务。弘扬和培育中华民族精神,是_____的必然要求;是_____的要求;是_____的需要。

三、书写中华民族精神的新篇章

1.怎样弘扬和发展中华民族精神?

我国已进入全面建设小康社会、加快推进社会主义现代化的新的发展阶段。_____是我们必须面对的时代课题。

2.在实现中华民族伟大复兴的征程中,必须大力弘扬和培育民族精神,就是铸造_____,为中华民族的生存和发展强基固本。青年应该成为民族精神的_____、_____和_____共同续写民族精神的新篇章。

【要点导释】

1. 中华民族精神的丰富和发展。

民族精神是民族文化的结晶。中华文化源远流长,决定了中华民族精神的发展也有着长期的历史过程,教材直接从近百年来民族精神的丰富和发展入手,重点阐述了中国共产党在新民主主义革命和社会主义革命建设时期对民族精神的丰富和发展。这些都体现了中华民族精神具有深厚的民族性、鲜明的时代性和先进性的特征。

注意:不同时期民族精神有具体内涵。它们是中华民族精神在不同历史时期的具体表现,反映出中华民族精神随时代变化而不断丰富和发展。但是它们都具有共同的内涵,都以爱国主义为核心,体现团结统一、爱好和平、勤劳勇敢、自强不息的伟大民族精神。

2. 弘扬和培育民族精神。

(1)弘扬和培育民族精神的必要性。

第一,弘扬和培育民族精神,是提高全民族综合素质的必然要求。民族的综合素质决定了一个民族的生存和发展,特别是在社会主义现代化建设中,高昂奋进的民族精神能产生巨大的力量,发挥不可估量的作用。

第二,弘扬和培育民族精神,是不断增强我国国际竞争力的要求。民族精神作为中华文化的精髓,具有凝聚和动员民族力量、展示民族形象的重要功能,已经成为表明综合国力强弱的至关重要的因素之一。

第三,弘扬和培育民族精神,是坚持社会主义道路的需要。要顶住西方国家对中国西化和分化的挑战,抵制外来腐朽思想文化的影响,我们必须在全民族中弘扬和培育民族精神。

(2)弘扬和培育民族精神的重要性。

中华民族精神是中华民族之魂。在实现中华民族伟大复兴的征程中,大力弘扬和培育民族精神,就是铸造中华民族的精神支柱,为中华民族的生存和发展强基固本。现实中,弘扬和培育民族精神始终是维系中华各族人民共同生活的精神纽带,推动了我国改革开放事业和社会主义现代化事业的进一步发展,提高了全民族的整体素质,是中华民族永远的精神火炬。

注意:弘扬和培育民族精神不一定会导致狭隘的民族主义。中国共产党具有开昂的心态和博大的胸怀,历来反对狭隘的民族主义。在现实中,中共既坚持中华民族的整体利益和民族文化,同时也主张尊重世界上其他民族的利益和文化,学习和借鉴其他民族的优秀文化成果,同世界上各民族共同进步和发展。

3. 书写中华民族精神的新篇章。

(1)立足于发展中国特色社会主义伟大实践。

今天,我国已经进入全面建设小康社会、加快推进社会主义现代化建设的新的发展阶段。我们需要继往开来、与时俱进,丰富和发展民族精神。

(2)做民族精神的传播者、弘扬者和建设者。

我们每个人,特别是青年学生,应该成为民族精神的传播者、弘扬者和建设者,共同书写民族精神的新篇章。

【高考在线】

1.(2008 北京文综)汶川地震发生后,中国人民在抗震救灾中爆发出的巨大力量赢得了世界赞誉。海外媒体发表评论说,一个领导人在两小时内就飞赴灾区的国家,一个能够出动十多万救援人员的国家,一个企业和私人捐款达到数百亿的国家,一个因争相献血而排长队的国家,永远不会被打垮。这表明( )。

①提高国际影响力是发展综合国力的关键　②民族凝聚力是衡量综合国力的标志之一
③动员和组织能力是综合国力的重要内容　④物质力和精神力都是综合国力的组成部分

A.①②③　　　　B.①②④　　　　C.①③④　　　　D.②③④

答案:D。

解析:本题是一道比较典型的时事型试题,以最新的四川汶川地震后中国人民在抗震救灾中的表现为背景材料,考查考生对所学知识的理解和运用能力。经济力和科技力是综合国力发展的决定性因素,①项明显错误,排除。汶川地震发生后,全国人民以万众一心,众志成城的伟大精神投入到抗震救灾中,支援了灾区,显示了中华民族的伟大,也得到了世界的赞誉,②③④三项符合题意。

2.(2009 福建卷)新中国成立 60 年来,成千上万的劳动模范在平凡的岗位上做出了不平凡的贡献。"劳动光荣、知识崇高、人才宝贵、创造伟大"是劳动模范不变的精髓,也是时代精神永恒的内涵。表彰劳模能够( )。

①提高公民的科学文化修养　②弘扬和培育民族精神
③奏响先进文化的主旋律　④杜绝好逸恶劳的思想意识

A.①③　　　　B.②③　　　　C.②④　　　　D.①④

答案:B。

解析:劳模的先进事迹体现了优秀的中华民族精神,也有利于奏响先进文化的主旋律,故②③正确且符合题意,选 B 项;④说法过于绝对化;①不符合题意。

3.(2010 东北三校联考)建国 60 年来,我们党培育和铸就了雷锋精神、"两弹一星"精神、大庆精神、抗洪精神、载人航天精神、抗震救灾精神等。这表明( )。

A.民族精神是民族文化的结晶　　　B.爱国主义是民族精神的核心
C.民族精神是不断丰富发展的　　　D.时代精神以民族精神为基础

答案:C。

解析:题干中提到的那些精神都是在特定的历史背景下产生的,都是中华民族精神的具体体现和发展,故应选 C 项,其他选项都不符合题意。

【合作探究】

第十六届亚洲运动会闭幕式于 2010 年 11 月 27 日晚在广州海心沙广场隆重举行。这一届亚运会让人们认识了全新的广州、更美的南粤,展现了广州人良好的公民素质。这是继北京奥运会、上海世博会之后,广州亚运会成为世界瞩目的又一"中国样本",成为全面建设小康社会的一次积极实践。中国人用自己的力量和行动,用自己的辛勤付出和努力拼搏赢得了全世界的赞誉,亚奥理事会主席艾哈迈德亲王在会上充分肯定了广州各方面的工作,并评价本届亚运会"非常成功"。这次亚运会,中国展示了强大的民族凝聚力,也是民族精神的集中体现。

(1)民族精神有什么重要性?

(2)结合材料分析为什么要弘扬和培育中华民族精神?

【学习体验】

课堂体验

1.在当前经济全球化的大背景下,国家越来越重视和弘扬民族精神,这是因为( )。

A.民族精神是民族发展的最终决定力量

B.民族精神是表明综合国力的重要因素

C.民族精神是我们民族的骄傲

D.民族精神根植于我们的民族文化之中

2.民族精神作为民族文化的结晶,随着时代的发展而不断地丰富。这说民族精神具有( )。

A.时代性　　　　B.阶级性　　　　C.中断性　　　　D.实践性

3.据中国军网报道:近年来西方媒体对我军的负面报道,从根本上看是西方国家对我国实施"西化"、"分化"战略图谋的重要组成部分,这是一个客观存的事实,过去如此,现在如此,未来还将是如此。面对西方敌对势力对我国的西化、分化,我们必须( )。

①大力弘扬和培育民族精神

②加快社会主义现代化建设,坚定人们的社会主义信念

③借鉴西方文化中的先进成分

④加强社会主义道德建设,提高抗侵蚀能力

A.①②③　　　　B.①②④　　　　C.②③④　　　　D.①②③④

4.对大力弘扬和培育民族精神的认识,不正确的是( )。

A.大力弘扬和培育民族精神,就是铸造中华民族的精神支柱,为中华民族的生存和发展强基固本

B.人人都应该成为民族精神的传播者、弘扬者和建设者

C.弘扬和培育中华民族精神是文化建设极为重要的任务

D.弘扬和培育民族精神是文化工作者特别是英雄模范人物的职责

5.在新民主主义革命时期,中华民族精神的主体是( )。

A.井冈山精神　　　　　　　　B.中国共产党人的革命精神

C.雷锋精神　　　　　　　　　D.延安精神

课外体验

1. 当前,面对世界范围各种思想文化的相互激荡,要使全体人民始终保持昂扬向上的精神状态,我们必须更高地举起民族精神的火炬,把弘扬和培育中华民族精神作为文化建设极为重要的任务。这是因为,弘扬和培育中华民族精神(   )。

①是提高全民族综合素质的必然要求   ②是不断增强我国国际竞争力的要求
③是坚持社会主义道路的需要   ④是现阶段党和国家的中心任务

A.①②④   B.①②③   C.②③④   D. ①③④

《楚天都市报》2011 年 6 月 1 日报道:连日来,多家媒体报道了湖北当阳市村干部陈平在抗旱中殉职的事迹。陈平认真履行干部职责的态度和一心为民的精神感动了无数读者,他的精神将激励无数党员干部身先士卒,为抗旱献策献力,也必将激励灾民们更主动地抗旱抗灾。"学习陈平抗旱精神,誓夺抗灾胜利"的活动正在当阳市开展。据此回答2~4题。

2. 陈平虽然是一名普通的村干部,但他身上体现的抗旱救灾精神(   )。

①是中华民族精神在新时期的具体体现   ②说明中华民族精神具有深厚的民族性   ③为我们提供了建设小康社会、实现中华民族伟大复兴的强大精神动力   ④说明了每个共产党员都是民族精神的传播者和弘扬者

A.①②   B.②③   C.①③   D.②④

3. 陈平身上体现的抗旱救灾精神必将激励无数党员干部身先士卒,为抗旱献策献力,也激励灾民们更主动地抗旱救灾。这主要说明了(   )。

A. 弘扬和培育民族精神有利于提高全民族的综合素质
B. 高昂奋进的民族精神能产生巨大的力量,发挥不可估量的作用
C. 弘扬和培养民族精神是增强我国国际竞争力的要求
D. 弘扬和培育民族精神有利于我国坚持走社会主义道路

4. 在新的历史条件下弘扬和培育民族精神,必须(   )。

①正确对待传统文化,继承中华民族的优良传统   ②把握时代脉搏,与时代精神相结合
③全盘继承传统文化   ④全面拒绝外来文化

A.①②④   B.②③④   C.①②   D.①④

5. 湖北新闻网4月24日报道:全体三峡建设者牢记"建设三峡,开发长江"的历史使命,始终本着对国家、对人民、对历史高度负责的态度,精心组织三峡工程的建设和运行,圆满完成了初步设计的各项任务。这说明,三峡工程的建设者(   )。

A.是中华文明的创造者   B.是中华民族精神的传播者、弘扬者和建设者
C.是中华民族精神的代表者   D.是弘扬和培育民族精神的"主心骨"

6. 重庆目前刮起了一阵前所未有的红色飓风,唱红歌是其中的重要内容之一。"红歌"这一热词,来源于江西卫视在全国热播的选秀节目《中国红歌会》。广泛的说,就是在中国革命、建设和改革各个时期产生和流传的红色革命歌曲。《中国红歌会》举办至今已经 6 年了,随着时代的变迁,其"红歌"曲目和类别变得更为广泛。其中,该节目更是抓住了时代脉搏,借由汶川大地震、舟曲泥石流、大连石油泄漏等事件,将抗震救灾歌曲纳入了"红歌"之列,如"2010 中国红歌会"冠军夜幕人组合的感动曲目《生死不离》等。虽然不同时期的红歌所体

现的民族精神的具体内容不同,但它都体现了伟大的中华民族精神,并将对我国社会经济的发展产生巨大的能量。

(1)不同时期的红歌所体现的民族精神的具体内容不同说明了民族精神的什么特点?

(2)在实现民族复兴的征程中,我们应怎样让民族精神对我国社会经济的发展产生巨大能量?

第四单元　发展先进文化

第八课　走进文化生活

文化争鸣

自1995年互联网正式登陆中国,网络传播经过十几年的发展,已经成为人们获取信息和进行交流的重要平台。随着网络信息技术的发展,网络文化悄然兴起,"打酱油""给力""神马都是浮云"等网络流行语广泛盛行,在网络流行语的改造、模仿和传播过程中,主流文化开始趋向边缘化,非主流文化和主流文化在争鸣和冲突中实现融合。

面对纷繁复杂的文化生活,我们应如何看待,如何选择?

色彩斑斓的文化生活

【课标导读】

知识目标:了解目前我国文化生活的现状,知道什么是大众文化,理解文化市场和大众传媒对文化生活的影响。

能力目标:学会辨识各种文化现象,区分先进文化与落后文化、腐朽文化;能够正确评价文化市场和大众传媒对文化生活的影响。

情感、态度与价值观目标:积极参与到健康向上的文化生活中来,热爱生活;坚信只有健康向上的文化生活,才能对我们的成长起到积极作用,而腐朽的文化会毒害我们的心灵。

【知识逻辑】

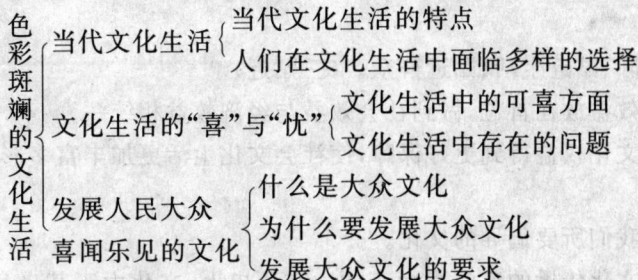

【自学导航】

1._____和_____的发展,对我们的文化生活积极影响有:满足人们日趋多样化的_____,充实人们的_____;通过灵活而有吸引力的表现方式,传播_____;它便于采取群众喜闻乐见的方式,使人们潜移默化地接受正确的_____,提高_____;它易于引导人们的_____,推动_____的发展等等。但是,文化市场的_____和传媒的_____,也会引发许多令人忧虑的现象。

2.随着我国_____和_____不断提高,丰富_____越来越成为我国人民的热切愿望,人们对文化需求日益呈现出_____、_____、_____的特点。

3.为了满足人民群众日益增长的_____需求,应该提供多种类型、多样风格的_____。人民大众真正需要的是_____、_____的文化。只有面向_____,反映人民的_____,为人民大众喜闻乐见的_____,才是我们所倡导的大众文化。

4.如何看待大众传媒和现代文化产业发展对人们文化生活的影响?

【要点导释】

1.文化生活的现状——"喜"与"忧"。

(1)文化市场和大众传媒的发展,给我们的文化生活带来了许多可喜的变化。

表现:满足文化需求,充实精神生活;灵活的表现方式,传播文化知识;接受正确观念,提高道德素质;引导消费观念,推动生产发展。

(2)文化市场的盲目性和传媒的商业性,引发许多令人忧虑的现象。

原因:文化市场的盲目性和传媒的商业性。

表现:低俗趣味、"新闻"炒作、"绯闻逸事"。

态度:加强管理、正确引导。

2.发展人民大众喜闻乐见的文化。

(1)当前我国文化需求的基本特点:多层次、多样化、多方面。

(2)大众文化的含义:是指面向广大人民,反映人民的利益与呼声,为人民大众所喜闻乐见的社会主义文化。

(3)怎样发展大众文化?

①遵循弘扬主旋律、提倡多样化的原则。(一个原则)

②坚持为人民服务、为社会主义服务的方向和百花齐放、百家争鸣的方针。(二为方向、双百方针)

③努力贴近实际、贴近生活、贴近群众。(三贴近)

④始终把社会效益放在首位,做到社会效益与经济效益相统一。

⑤使人民基本文化权益得到更好保障,使社会文化生活更加丰富多彩,使人民精神面貌更加昂扬向上。

3.大众文化与我们所要倡导的文化。

大众文化是就文化传播的广泛性而言的。在历史上,文化由于其自身的特点而只能在少数人中传播,那种文化状态是很有局限性的。随着近代工业和大众传媒的发展,文化的发展和消费发生了很大变化;随着生产的规模化和传播的快速化,越来越为社会大众所广泛接受和参与,被称为大众文化。

大众文化并不界定文化内容,而我们所倡导的大众文化则要强调两方面:第一,文化要贴近人民大众,为人民大众所喜闻乐见;第二,文化的内容必须是先进的、健康有益的,而不能是庸俗的、低级趣味的。可见,我们所倡导的大众文化与通常所说的大众文化在内容上是有差别的,不宜将二者混同。

【高考在线】

1.(2010 安徽卷)电影《建国大业》是新中国成立 60 周年的献礼作品。该片一经播放,就引起极大反响,深受人民群众喜爱。这说明(   )。

①大众喜闻乐见的文化就是社会主义先进文化

②先进文化反映广大人民群众的利益与呼声

③文化形式创新是实现文化繁荣的根本途径

④弘扬主旋律的文艺作品具有强大的生命力

A.①②　　　　B.①③　　　　C.③④　　　　D.②④

答案:D。

解析:本题考查考生对先进文化与大众文化的理解能力。①是大众文化,未必就是先进文化;文化创新的根本途径是实践,③错误;《建国大业》受观众喜爱,在于弘扬主旋律、反映广大人民群众的利益与呼声。故选择 D。

2.(2010 山东卷)当前,文化市场在满足人民日益增长的文化需要的同时,也出现了"娱乐化"、"低俗化"的倾向。针对这种现象,在文化消费时我们应当(   )。

①提高辨别不同性质文化的眼力　　②选择个性新潮的文化价值取向

③发展喜闻乐见的大众文化　　④提升自身的文化审美品位

A.①②　　　　B.③④　　　　C.②③　　　　D.①④

答案:D。

解析:本题考查的知识点是在文化生活中选择。解答本题要抓住"文化消费时"的关键词,即公民个人如何做,依据学过的知识,不难选出①④;②说法错误;③是国家、企业的做法。故选择 D。

3.(2009 江苏卷)用现代动画技术制作的电视动画片《喜羊羊与灰太狼》,受到广大观众的喜爱,获得了上海炫动卡通卫视 2008 年度收视排行的年度特别奖,同名动画电影也取得了高达 8500 万的票房。这主要说明,为人们提供的文化产品应当(   )。

A.具有较高的经济效益　　　　B.运用先进的技术手段制作

C.满足人们娱乐的需求　　　　D.采取群众喜闻乐见的形式

答案:D。

解析:该题考查了发展人民大众喜闻乐见的文化和发展文化产业的要求,题干说明该动画片受到广大观众喜爱,才获得了较高的经济效益,因此 D 符合题意,A 不选;B 不是获得人们认可的必要条件;C 错,为人们提供的文化产品应当满足人们健康向上的文化需求,黄、赌、毒也能满足娱乐需求,但决不允许。故选 D。

4.(2010海南卷)近年来,流行歌曲、小品等大受欢迎,交响乐、歌剧、民族戏曲则有些受冷落,各种文化艺术形式的发展出现了不平衡现象。一些有识之士呼吁"文化艺术领域也需要生态平衡",因为( )。

①不同文化艺术形式共同发展,可以满足不同层面大众的需求

②在文化艺术领域,经济效益与社会效益同样重要

③扶持高雅文化艺术、适当限制通俗文化艺术是当务之急

④各种文化艺术形式相互依存、共同发展,才能繁荣中国特色社会主义文化

A.①②③   B.①③④   C.②③④   D.①④

答案:D。

解析:本题主要考查实现文化艺术领域的平衡的原因和意义,即为什么要让不同文化艺术形式共同发展。首先从大众角度看,不同文化艺术形式的发展,可以满足不同层面大众的需求;其次从社会角度看,各种文化艺术形式相互依存、共同发展,才能繁荣中国特色社会主义文化,故①④正确;题干中主要强调的是文化艺术领域的社会效益,故②错误;③很容易判断是错误的。故选D。

5.网络、影视、报纸、期刊杂志使我们的文化生活日益丰富多彩,给我们带来各种各样的资讯,真正实现了足不出户,照样享受文化产品。我们的文化生活日益丰富的根本原因是( )。

A.现代传媒使文化传播的渠道越来越多,速度越来越快

B.生产力的发展

C.社会主义文化市场的繁荣

D.利益对生产者和经营者的驱动

答案:B。

解析:解答本题的关键是审清题干的规定性:"根本原因"。A、C、D都是文化生活日益丰富的原因,但不是根本原因,故选B。

【合作探究】

文化的大众性问题由来已久,从五四新文化运动起,胡适、陈独秀等人就提出了文学的大众化问题。20世纪20年代,"民众文学"、"大众文艺"被越来越多的人所接受。鲁迅就明确指出:"应该多有为大众设想的作家,竭力来做浅显易解的作品,使大家能懂爱看,以挤掉一些陈腐的劳什子。"毛泽东在《新民主主义论》中,也明确指出新民主主义的文化应该是"民族的、科学的、大众的文化"。

(1)你认为大众文化应该具备哪些特点?

(2)目前我国应该怎样提高大众文化的品位?

【学习体验】

课堂体验

1.针对部分媒体"明星取代了模范,美女挤走了学者,绯闻顶替了事实,娱乐覆盖了文化,低俗代替了端庄"的现象,正确的做法应该是(   )。

A.严厉打击,坚决取缔   B.文化多元,鼓励支持

C.加强管理,正确引导   D.不闻不问,放任自流

2.当诸如《哈利波特》、《神秘岛》等外国作品接二连三地风靡我国时,我们本土原创的未成年人文学作品,至今还拿不出一部家喻户晓、人人喜爱的经典之作。其主要原因就在于我国当前的未成年人文艺作品的内容脱离了未成年人的实际,文艺创作的过程脱离了未成年人的主体。这启示我们(   )。

A.要提高人民的素质,反对文化霸权主义

B.要繁荣文化市场,满足人民的需求

C.吸收人类的优秀文化为我所用

D.文化创作要贴近实际、贴近生活、贴近群众

3.北京师范大学教授于丹用通俗易懂的方式解读国学经典《论语》,立足于"唯用"的角度,通过经典文学给现代人以宇宙观、人生观、处世之道、人格修养等方面的启迪,受到了中国国内大众的欢迎。这告诉我们(   )。

A.大众传媒更能丰富人的精神世界

B.大众喜爱的文化就是我们所要倡导的文化

C.电视文化是我国文化建设的中心环节

D.创新形式可以使传统文化更贴近群众

4.发展大众文化要坚持"三贴近"的原则。下面对其中的"贴近群众"的理解正确的是(   )。

A.只要群众需要,就一定尽力满足

B.以人民群众的喜好作为评判文化先进性的唯一标准

C.着眼于大多数人民群众的文化需要,体现我国大众文化的发展要求

D.把观众投票数的多少作为评判文化先进性的唯一标准

5.2010年国庆节期间,文化部推出多台优秀剧目和大型艺术展览,涵盖了京剧、昆曲、话剧、地方戏曲、儿童剧、歌剧、舞剧、音乐剧等艺术门类,体现了近年来舞台艺术领域的丰硕成果。这些活动(   )。

A.把提倡多样化放在首位

B.坚持了"百花齐放、百家争鸣"的方针

C.会削弱马克思主义在文化生活中的指导地位

D.会使经典文化更具生命力

课外体验

1.我们目前所提倡的大众文化,除了应该是先进的、健康有益的文化,还必须是(   )。

A.经典的文化　　　　　　　　　　B.流行的文化

C.高雅的文化　　　　　　　　　　D.反映人民利益与呼声的社会主义文化

2.我们发展人民大众喜闻乐见的文化是因为（　　　）。

A.人们对文化的需求超过了对物质生活的需求

B.为了满足人民群众日益增长的精神文化生活需求

C.高雅文化无法满足人们的需求

D.人们的精神空虚

3.社会上不良文化的侵蚀是未成年人犯罪的重要原因。据有关少管所调查资料显示，少年犯有70%以上受过不良文化的影响。为解决这一问题，国家首先要（　　　）。

A.加强政府职能，打击青少年犯罪

B.加强文化建设，提供健康文明的精神文化产品

C.加强文化建设，杜绝青少年犯罪

D.加强文化建设，创造良好的生产生活环境

4.当前"恶搞"作品在网络上可谓"新作不断"、"超越不断"，正在成为一种新的"文化时尚"。对此正确的认识是（　　　）。

①满足了人们日益多样的文化需求

②反映了文化市场盲目性和传媒的商业性

③把经典文化流行化，传统文化时尚化

④是历史虚无主义、文化虚无主义思潮的一种表现形式

A.②④　　　　B.①③　　　　C.②③④　　　　D.①②③

5.2009年12月8日，全国"扫黄打非"办等九部门在京召开电视电话会议，部署在全国范围内联合开展深入整治互联网和手机媒体淫秽色情及低俗信息专项行动。全面净化互联网和手机媒体环境，努力建立良好的网络文明风尚。这表明（　　　）。

A.国家将对文化场所进行直接的经营管理

B.文化市场具有盲目性和商业性

C.国家加强对文化市场的管理和引导

D.娱乐场所是庸俗和低俗趣味文化的发源地

6.清明节是我国人民祭奠祖先的传统节日，用一些物品祭奠祖先无可厚非，原来一盅清酒、一束鲜花就可以代表的追思之情，现已异化为让祖先充分享受现代生活，从"轿车"、"别墅"等常规祭品到"私人医生"、"财博工具"甚至"摇头丸"等。祭品日显邪化、越来越低级、越来越庸俗。

（1）上述材料说明了什么文化现象？

（2）你认为应该怎样加强对文化市场的管理和引导？

在文化生活中选择

【课标导读】

　　知识目标:知道什么是落后文化、什么是腐朽文化,为什么在我们的文化生活中还存在一些落后文化和腐朽文化现象;明确中国特色社会主义文化的主导地位;知道加强文化建设的必然要求。

　　能力目标:通过对日常生活实例的分析研究,掌握对先进文化和落后腐朽文化的区分方法,能够自觉抵制落后、腐朽文化,积极选择健康文化。

　　情感、态度与价值观目标:充分肯定新中国成立以来我国文化建设所取得的巨大成就,坚定热爱社会主义的信念;坚信只有健康向上的文化生活,才能对我们的成长起到积极的作用;而落后的、腐朽的文化会毒害我们的心灵,影响我们的身心健康。

【知识逻辑】

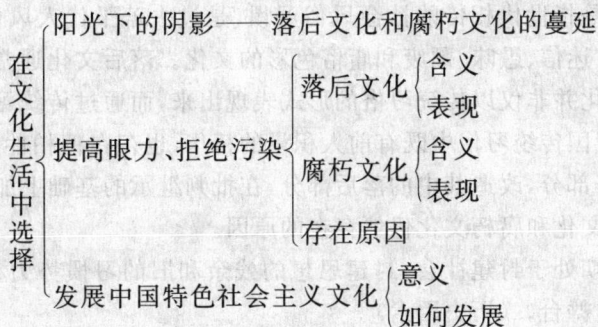

【自学导航】

　　1.置身于文化生活的海洋中,我们要提高辨别_____的眼力,增强抵御_____和_____的能力。

　　2.中国特色社会主义文化,始终坚持以_____武装人,以_____引导人,以_____塑造人,以_____鼓舞人。

　　3.社会主义文化以其自身的_____和_____,并依靠社会主义_____和_____,在人民大众文化生活中始终占据着_____地位。

　　4.大力发展_____文化,支持_____文化,努力改造_____文化,坚决抵制_____文化,是加强文化建设的必然要求。

　　5.落后文化是指_____。

　　6.腐朽文化是指_____。

　　7.为什么在我们社会主义国家,仍然存在落后文化和腐朽文化?

【要点导释】

　　1.落后文化和腐朽文化的比较分析。

　　(1)落后文化。

①含义:各种带有迷信、愚昧、颓废、庸俗等色彩的文化。

②表现形式:传统习俗(看相、算命、测字、看风水等)。

③对待态度:通过科学文化教育,予以改造和剔除。

(2)腐朽文化。

①含义:是指腐蚀人的精神世界、侵蚀民族精神、阻碍先进生产力发展、危害社会主义事业的文化。

②表现形式:各种封建主义和资本主义的腐朽思想、殖民文化、"法轮功"邪教、淫秽色情文化等。

②对待态度:坚决抵制,依法取缔。

二者联系:落后文化与腐朽文化都是颓废的文化形式,都是与先进文化相对立的,与社会主义精神文明相对立的,它们都会导致拜金主义、享乐主义和极端个人主义,从而腐蚀人们的精神世界,污染文化环境,危害社会主义事业。

2.辨析:"传统习俗"就是"落后文化"。

所谓传统习俗,是指世代相传的社会风俗习惯,是过去若干代人风俗习惯的积累;而落后文化是指各种带有迷信、愚昧、颓废和庸俗色彩的文化。落后文化通常以传统习俗的形式表现出来,但落后文化并非仅以传统习俗的形式表现出来,而通过传统习俗表现出来的也并非都是落后文化。我国传统习俗中既有前人积累的精华,也存在糟粕性的内容,我们应当保留传统习俗中的精华部分,改造其中的落后部分,在批判继承的基础上加以创新。

3.在我国,落后文化和腐朽文化仍然存在的原因。

首先,我国曾长期处于封建社会,封建思想的残余和旧的习惯势力根深蒂固,封建文化并没有完全退出历史舞台。(历史因素)

其次,经济全球化和信息网络技术的发展,既为文化传播提供了更广阔的空间,也加剧了西方资本主义腐朽思想文化对我国的冲击。(外部因素)

最后,市场经济带来的负面影响。(市场因素)

4.加强文化建设的必然要求。

大力发展先进文化,支持健康有益文化,努力改造落后文化,坚决抵制腐朽文化。

5.奏响主旋律,发展当代中国的先进文化。

(1)社会主义文化以其自身的科学性和先进性,并依靠社会主义政治和经济力量,在人民大众的文化生活中始终占据着主导地位。

(2)中国特色社会主义文化,始终坚持以科学的理论武装人,以正确的舆论引导人,以高尚的精神塑造人;以优秀的作品鼓舞人,无论是思想内容还是表现形式,都发挥着强有力的导向和示范作用。

6.克服落后文化和腐朽文化的影响(当前我国应如何加强中国特色社会主义文化建设?)

(1)个人:提高辨别落后文化和腐朽文化的眼力,增强抵御落后、腐朽文化的能力。

(2)国家:①加强社会主义文化建设,奏响主旋律。要大力发展先进文化,支持健康有益文化,努力改造落后文化,坚决抵制腐朽文化,是我们加强文化建设的必然要求。社会主义文化必须要以其自身的科学性和先进性,并依靠社会主义政治和经济力量,在人民大众的文化生活中始终占据主导地位。充分发挥中国特色社会主义文化强有力的导向和示范作用,始终坚持以科学的理论武装人,以正确的舆论引导人,以高尚的精神塑造人,以优秀的作品鼓舞人。随着时代不断前进,社会主义文化必须要不断创新,使内容更加丰富,形式更加多样,特征更加明显,更加充满生机与活力,为人民大众所喜爱。

②加强法制建设,使大众媒体的发展依法进行;同时加强公民的道德建设,提高人们的思想觉悟水平,自觉抵制不健康的文化。

③加强对文化市场的监管,完善文化产业政策,增强我国文化产业的整体实力和竞争力,引导人们进行科学的文化消费。

【高考在线】

1.(2010 全国新课标卷)近年来,我国开展道德模范评选活动,树立来自基层、来自群众的道德楷模,推动了社会主义思想道德建设。我国重视思想道德建设是因为它( )。

①是发展中国特色社会主义文化的重要内容和中心环节 ②能提供精神动力和正确价值观,决定社会发展进程和方向 ③体现了先进文化性质和前进方向,有利于培育"四有"新人 ④为我国经济社会发展提供了智力支持

A.①② B.①③ C.②④ D.③④

答案:B。

解析:依据教材知识,①③正确。道德建设能够提供精神动力,但做出正确的价值判断和价值选择,则需要加强自身的科学文化修养和思想道德修养,故②说法欠妥;为我国经济社会发展提供了智力支持的是教育科学文化,④不合题意。故选 B。

3.(2011 安徽卷)为纪念中国共产党建党 90 周年,全国各地纷纷开展了一系列活动,如举办"双百"人物共产党员先进事迹图片展、学党史、唱红歌等,宣传和学习优秀共产党员坚持理想、无私奉献的崇高精神。开展这些纪念活动有助于( )。

① 维护人民的基本文化权益 ② 发挥文化在现代化建设中的主导性作用

③ 提高人民的思想道德素质 ④ 坚持中国特色社会主义文化的前进方向

A.①② B.①④ C.②③ D.③④

答案:D。

解析:②观点是错误的,在现代化建设中起主导性作用的是经济建设;①与题意不符应排除;③④的表述是正确的,而且符合题意,故应选 D 项。

【合作探究】

看漫画,运用《文化生活》的知识,回答下列问题。

注:漫画 1、2 分别根据华君武的《阎王开发中心》、方成的《最新配方》改编。

漫画1 阎王开发中心

漫画2 文艺创作

（1）漫画1、2分别反映了怎样的不良文化现象？

（2）这两类文化现象有何不同？如何解决漫画中反映的问题？

【学习体验】

课堂体验

1.面对复杂的文化现象，我们应当（   ）。

A.享受各种文化带来的体验　　　　　　B.兼收并蓄，全面吸收

C.提高辨析能力　　　　　　　　　　　D.拒绝文化生活的影响

2.下列文化现象属于腐朽文化的是（   ）。

①电脑算命　②有殖民色彩的"洋店名"　③宣传暴力色情的文化　④婚事大操大办

⑤讲排场、挥霍性消费　⑥"法轮功"邪教

A.①②③④⑤　　　B.②③⑥　　　　C.③④⑤⑥　　　　D.①②③

3.下列对落后文化、腐朽文化叙述错误的是（   ）。

A.二者都是不科学的文化

B.对落后的文化要坚决依法取缔

C.落后文化常以传统习俗的形式表现出来

D.腐朽文化侵蚀民族精神，阻碍先进生产力发展

4.改革开放以来，我国文化产业迅速发展，娱乐、音像、演出、艺术品市场和从业人员规模不断扩大，蕴藏着巨大的消费潜力。大力发展文化产业有利于（   ）。

①优化消费结构，提高生活质量　②弘扬传统文化，提倡超前消费

③繁荣文化市场，满足人民需要　④优化产业结构，促进经济发展

A.①②③　　　B.②③④　　　　C.①③④　　　　D.①②④

5.互联网是影响力极大的新媒体，它的存在和发展利弊同在，我们不应因看到网上有许多负面内容而"关闭网络"。要从根本上解决互联网的不利影响，除了要从改变内容、传播入手外，最主要的还应该（   ）。

A. 排除外部环境的不利影响

B. 引导未成年人正确利用网络,自觉趋利避害

C. 为未成年人寻找心灵寄托的替代场所

D. 举报违法信息,拦截和抵御"黑信息"

课外体验

1. 如今,街头巷尾的算命先生屡见不鲜,他们利用相面、看手相、占卜算卦等方式为人们解答疑问,甚至通过电话、电脑提供"服务"。尽管政府明令严禁此类活动,但算命先生的生意还是异常火爆。对此现象,你认为下列观点中正确的是( )。

①建设社会主义和谐文化,就要在文化建设上尊重差异,包容多样 ②这一现象可以满足人民群众多样化的精神文化需求 ③文化有先进与落后之分,建设社会主义和谐文化要坚决剔除落后文化 ④产生这一现象的原因之一是文化市场的盲目性和传媒的商业性

A.①②   B.③④   C.①③   D. ②④

2. 海伦·凯勒曾说,假如给我有视觉的一天,我将"向过去和现在的世界匆忙瞥一眼",而要做到这一点,"当然是通过博物馆"。为更好地发挥博物馆、纪念馆的作用,2008 年 1 月 23 日中央宣传部等单位下发《关于全国博物馆、纪念馆免费开放的通知》。博物馆、纪念馆免费开放是( )。

①加强社会主义核心价值体系建设和公民思想道德建设的有效手段 ②国家实现和保障人民群众基本文化权益的积极举措 ③对某些文化产品经济价值的否定和社会价值的肯定 ④把文化产业从市场中分离出来加以发展的措施

A.①②   B.①③   C.②③   D.②④

3. 近年来,《风声》、《建国大业》、《潜伏》等一大批优秀电视作品公映后在全社会引起强烈反响。这说明( )。

A. 优秀的作品鼓舞人,正确的舆论引导人

B. 大众文化在我国人民文化生活中占据主导地位

C. 一定文化由一定的经济、政治决定

D. 我国人民的文化生活充满生机和活力

4. 随着面包、麦当劳、肯德基和快餐盒饭在生活中的出现,快餐几乎成了我们社会生活的必须与时尚,无怪乎有人说中国进入了"快餐时代"。如今,这股快餐之风也吹到了文化圈内:欣赏电视剧《红楼梦》、《三国演义》、《水浒传》代替了阅读原著;大部头的中外名著,变成了缩写本;二十四史有现成的译本;学习古诗词,只需热读其中的"名句"即可;想了解明清史实,就请去看影视剧……这些"文化快餐"很有市场,书店里的名著缩写本和光盘畅销不衰。我们应该这样认识文化的"快餐化"( )。

A. 文化"快餐化"会导致文化传统的缺失

B. 文化的"快餐化"不符合先进文化的前进方向

C. 市场经济的发展使文化发展的主流呈现快餐化趋势

D. 一定程度上适应了人们快节奏的生活,对缓解人们在激烈竞争中产生的紧张、烦躁精

神状态有一定调节效用

5.今天的拇指文化主要是由年轻人自发创造的,表达情意有余,文化熏陶不足。更有不少商家推波助澜,商业利益背后缺少一份社会责任和文化关怀。这告诉我们(　　)。

　　A.应大力发展科学教育事业

　　B.这是市场经济条件下不可避免的现象

　　C.文化市场同样具有自发性和盲目性的弱点

　　D.拇指文化应予以取缔

6.材料一:卖火柴的小女孩变成促销女郎,白雪公主穿着泳衣打猎,孔乙己不偷书改偷光盘……《Q版语文》将中小学经典语文篡改成恶俗的搞笑故事。

　　材料二:恶搞,是近年来在社会上泛滥的一股黑流,因其低俗、下流,迎合了某些人的阴暗心理,一出笼便受到推崇和鼓噪,以至于无孔不入、无处不有。什么商业恶搞、网络恶搞、古典名著恶搞、历史事件恶搞、优秀人物恶搞,五花八门,泛滥成灾。

　　结合《文化生活》有关知识,谈谈你对上述材料的认识。

第九课　推动社会主义文化大发展大繁荣

红色文化的启示

　　近来,各种形式的"文化大餐"层出不穷。"第12届青年歌手大赛"热力登场,被评价为"民族精神、英雄史诗"的电视剧《八路军》的播出,电视剧《闯关东》在各地放映,精品版《长征路歌》再次登上人民大会堂的舞台……一系列的文化活动对于我们当前建设中国特色社会主义文化,有着深刻的启示。

　　(1)建设社会主义精神文明的根本任务是什么?

　　(2)上述材料给我们什么启示?

坚持先进文化的前进方向

【课标导读】

　　知识目标:明确在近代中国,奉行"全盘西化"论或"文化复古主义"都不能产生中国先进文化;马克思主义传入中国,是中华文化由衰微走向重振的重要转折点。

　　知道中国共产党自成立以来,就以马克思主义为指导思想,始终代表中国先进文化的前进方向。明确当代中国先进文化的前进方向。了解社会主义核心价值体系的基本内涵,理解建设社会主义核心价值体系的重要意义。

能力目标:提高用马克思主义的立场、观点和方法,分析各种文化现象的能力,自觉坚持当代中国先进文化的前进方向。能够正确辨别科学与非科学现象,自觉树立科学精神,努力学科学、讲科学、用科学。

情感、态度与价值观目标:了解近代以来我国文化发展的历程,了解中国共产党在推进中国先进文化建设过程中所发挥的重要作用,增强对中国共产党的热爱之情,坚定对马克思主义的信仰,树立民族自信心和自豪感。

【知识逻辑】

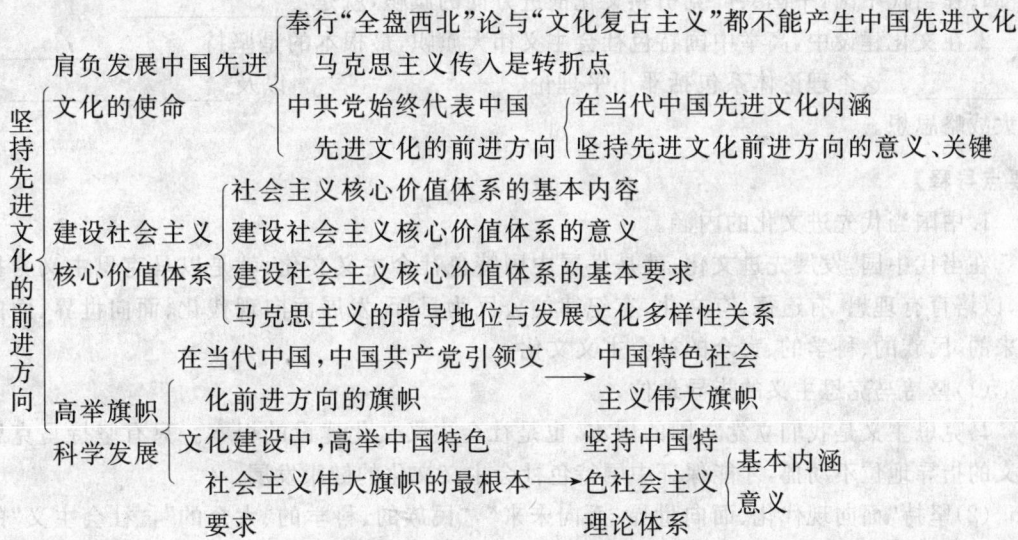

【自学导航】

一、肩负发展中国先进文化的使命

1._____传入中国,是中华文化由衰微走向重振的重要转折点。

2.中国共产党自成立以来,始终代表中国_____的前进方向。

3.在当代中国,发展先进文化,就是以_____为指导,以培育_____、_____、_____、_____为目标,发展面向_____、面向_____、面向_____的,民族的、科学的、大众的社会主义文化。

4.坚持_____是推动社会主义文化大发展、大繁荣的根本要求。

二、建设社会主义核心价值体系

1.推动社会主义文化大发展、大繁荣,必须大力建设_____。
马克思主义指导思想,_____,以爱国主义为核心的民族精神和改革创新为核心的时代精神,_____,构成社会主义核心价值体系的基本内容。

2.社会主义核心价值体系是_____的本质体现,是全国人民团结奋斗的_____。

3.建设社会主义核心价值体系,就要巩固马克思主义指导地位,坚持不懈地用_____

_____武装全党、教育人民，用_____凝聚力量，用以爱国主义核心的民族精神和以改革创新为核心的时代精神_____，用_____引领风尚。

4.当前，我国社会主义更加繁荣，同时人民精神文化需求日趋旺盛，人们思想活动的_____、_____、_____明显增强。面对文化发展的这一阶段性特征，推动社会主义文化大发展、大繁荣，必须以_____为指导，用_____引领社会思潮，既_____，又有力抵制各种错误和腐朽思想的影响，不断增强社会主义意识形态的_____和_____。

三、高举旗帜，科学发展

1.在当代中国，中国共产党引领文化前进方向的旗帜，就是_____。

2.在文化建设中，高举中国特色社会主义伟大旗帜，最根本的是坚持_____。这个理论体系包括邓小平理论、_____以及_____等重大战略思想。

【要点导释】

1.中国当代先进文化的内涵。

在当代中国，发展先进文化，就是发展中国特色社会主义文化，就是以马克思主义为指导，以培育有理想、有道德、有文化、有纪律的公民为目标，发展面向现代化、面向世界、面向未来的，民族的、科学的、大众的社会主义文化。

(1)坚持马克思主义的指导地位。

马克思主义是我们立党立国的根本，也是社会主义文化建设的根本。只有坚持马克思主义的指导地位不动摇，才能保证中国特色社会主义文化的健康发展。

(2)坚持"面向现代化、面向世界、面向未来"，"民族的、科学的、大众的"，"社会主义"的价值取向。"面向现代化"就是文化建设要为经济建设和政治建设服务；"面向世界"就是文化建设要着眼于世界前沿、体现时代精神，广泛汲取国外一切优秀文化成果，同时要向世界展示中国文化建设的成就；"面向未来"就是文化建设要着眼于可持续发展的目标，勇于开拓创新，引导广大人民群众在思想精神和知识水平上不断提高。

"民族的"即民族性，就是要弘扬民族优秀文化传统和革命文化传统，就是要植根于中国特色社会主义建设的实践，既吸收和借鉴国外一切优秀文化成果，又保持中国风格、中国特色和中国气派；"科学的"即科学性，就是文化建设要遵循自身的发展规律，正确反映自然、社会的发展规律；"大众的"即大众性，就是既要引导广大人民群众，又要服务于广大人民群众，不断丰富人们的精神境界。

"社会主义"是当代中国先进文化的核心价值取向。只有坚持这一价值取向，中国先进文化才能推动社会的发展和进步，并始终保持生机与活力。离开了这一核心要求，在理解当代中国先进文化的性质和各项要求时就容易出现偏颇。

注意：一般而言，先进文化是人类文明进步的结晶，是能够顺应人类社会发展规律，揭示人类社会未来发展方向，为人类社会文明进步提供强有力的思想保证、精神动力和智力支持的文化。它是一个动态的概念，具有相对性，其内涵随着历史条件的变化而不断发生变化。

2.坚持马克思主义的指导地位。

坚持先进文化的前进方向,是建设有中国特色社会主义文化的根本要求和根本保证,牢牢把握先进文化前进方向,关键在于坚持马克思主义在意识形态领域的指导地位。

(1)这是由马克思主义的性质决定的。

马克思主义深刻地剖析了资本主义社会的基本矛盾,揭示了人类历史发展的客观规律,为无产阶级和全人类的解放指明了方向。它的创立,标志着人类历史上一种崭新的思想文化的产生。尽管当今世界的政治、经济、文化发生了很多变化,但历史发展的总趋势并没有超出马克思主义所揭示的基本规律。

(2)这是由我国的社会主义性质决定的。

马克思主义是我们党和国家的指导思想,以马克思主义为指导,是立党立国之本,是社会主义现代化建设的根本,也是社会主义文化建设的根本。

(3)这是在思想观念和文化形态多样化的环境中,保证中国特色社会主义文化健康发展的必然要求。

(4)在文化建设中,坚持马克思主义的指导地位,不会妨碍文化多样性的发展。因为:

①坚持马克思主义的指导地位,同坚持为人民服务、为社会主义服务的方向和"百花齐放、百家争鸣"的方针是统一的,同社会主义文化的多样化是统一的。

②社会主义文化建设,既要弘扬主旋律,又要提倡多样化。没有内容和形式上的多样性,社会主义文化就会单调、凋零、枯竭,失去吸引力和感召力。

③思想文化越是多样化,越需要主心骨。不坚持马克思主义的指导地位,文化建设就会混乱、失误、受挫,就会失去正确的方向和生命力,社会就会失去共同的思想准则。

3. 建设社会主义核心价值体系。

(1)社会主义核心价值体系的基本内容。马克思主义指导思想,中国特色社会主义共同理想,以爱国主义为核心的民族精神和以改革创新为核心的时代精神、社会主义荣辱观,构成社会主义核心价值体系的基本内容。

(2)推动社会主义文化大发展大繁荣,必须大力建设社会主义核心价值体系。社会主义核心价值体系是社会主义意识形态的本质体现,是全国人民团结奋斗的共同思想基础。面对文化发展的独立性、选择性、多变性、差异性、明显增强的阶段性特征,必须用社会主义核心价值体系引领社会思潮,不断增强社会主义意识形态的吸引力和凝聚力。

(3)建设社会主义核心价值体系,就要巩固马克思主义指导地位,坚持不懈地用马克思主义中国化最新成果武装全党、教育人民,用中国特色社会主义共同理想凝聚力量,用以爱国主义为核心的民族精神和以改革创新为核心的时代精神鼓舞斗志,用社会主义荣辱观引领风尚。

4. 中国特色社会主义文化具有民族性,为什么还要面向世界?

中国特色社会主义文化具有浓郁深厚的中华民族特点,是一种先进的民族文化。我们在文化建设上必须反对"民族虚无主义"和"全盘西化"论。民族性是世界性的基础和前提,世界文化就是由丰富多彩的民族文化构成的。同时,中国特色社会主义文化也是世界文化的一部分,具有明显的开放性和强烈的吸纳性。通过广泛联系和交流,博采众长,以丰富和提高自己,是这个文化的特点和优点。在多元文化的相互激荡、竞争发展中,既有吸纳又有排斥,既有融合又有斗争,既有渗透又有抵御的当今世界,我们必须善于处理民族文化和外来文化的关系,坚持文化的民族性和世界性的统一,用清醒的头脑、世界的眼光、宽阔的胸怀,在同其他文化的联系和交流中,在比较和鉴别中,认识和吸收世界文化中的优秀成果,从而使中国特色社会主义文化丰富多彩,绚丽辉煌。

【高考在线】

1.(2009 福建卷)新中国成立 60 年来,成千上万的劳动模范在平凡岗位上做出了不平凡的贡献。"劳动光荣、知识崇高、人才宝贵、创造伟大"是劳模精神不变的精髓,也是时代精神永恒的内涵。表彰劳模能够( )。

①提高公民的科学文化修养　②弘扬和培育民族精神
③奏响先进文化的主旋律　④杜绝好逸恶劳的思想意识

A.①③　　　　　B.②③　　　　　C.②④　　　　　D.①④

答案:B。

解析:表彰劳模与提高公民的科学文化修养无必然联系,故①不选;④中的"杜绝"说法太绝对化,故排除;②③符合题意。

2.(2007 山东文综)党的十六届六中全会提出的"建设社会主义核心价值体系"与"文化多样性"、"坚持先进文化的前进方向"的内在联系是( )。

①社会主义核心价值体系与文化多样性统一于社会主义文化建设中
②建设社会主义核心价值体系有利于坚持先进文化的前进方向
③尊重文化多样性不能违背社会主义核心价值体系
④把握先进文化的前进方向关键在于尊重文化的多样性

A.①　　　　　B.①②　　　　　C.①②③　　　　　D.①②③④

答案:C。

解析:文化多样性是指民族文化的多样性,它是文化交流与传播、文化发展与繁荣的前提和基础;先进文化就是社会主义文化,把握其方向的关键在于始终坚持马克思主义在意识形态领域的指导地位;社会主义核心价值体系的主要构成是:社会主义先进文化、马克思主义的指导思想、社会主义荣辱观等。综合上述知识,我们可以作出正确的选择为 C 项;④表述错误。

3.(2007 宁夏文综)社会主义核心价值体系是建设和谐社会的根本,核心价值体系的首要内容是马克思主义指导思想,因为马克思主义是( )。

①把握社会主义先进文化前进方向的根本指针
②判明各种文化真理性的主要标准
③推动各种文化创新的动力和源泉
④引领社会思潮的旗帜、抵制各种错误思想的武器

A.①②　　　　　B.②③　　　　　C.①④　　　　　D.③④

答案:C。

解析:马克思主义指导思想是坚持先进文化前进方向的关键所在,是永不褪色的旗帜,是我们所要弘扬的主旋律的主要内容,也是我们抵制多种错误思想侵蚀的伟大武器,故选 C

项。②中判断文化真理性的标准只能是实践,而不是主观的马克思主义;③中推动文化创新的动力和源泉也只有社会实践,故②③不能选。

【合作探究】

创办于2002年的"感动中国年度人物"评选节目,是一个彰显国家荣誉的人文活动。它以评选出当年度具有震撼人心、令人感动的人物为主打内容,以弘扬自强不息的民族精神,重塑中国人的道德价值观为目标,该节目被称为"中国人的年度精神史诗"。从2002年到2010年,9场精神盛宴让人们为之悲喜动容。"感动中国年度人物"评选节目向观众推出的80多位人物,有来自民间的人士,有光彩耀人的明星,也有睿智学者,他们身上都有一种让观众感到心灵震撼的精神力量,都以不平凡的事迹感动了中国,并受到广大人民群众的尊重和敬佩。

"感动中国年度人物"的事迹对我们青年学生要求更高的思想道德目标有何启示?

【学习体验】

课堂体验

1.中华文化由衰微走向重振的转折点是（　　）。

A.毛泽东思想的诞生　　　　　B.马克思主义的传入

C.中国一大批先进知识分子的出现　　D."五四"运动的爆发

2.在当代中国,建设中国特色的社会主义离不开有特色的社会主义文化,要求把握文化发展的方向,建设当代中国先进文化。发展先进文化的"三个面向"是（　　）。

①面向世界　②面向未来　③面向现代化　④面向社会

A.①②④　　　　B.②③④　　　　C.①②③　　　　D.①③④

3.建设中国特色社会主义文化（　　）。

①必须继承传统文化的精华

②必须坚决抵制西方资本主义国家的文化

③必须坚持以马列主义、毛泽东思想、邓小平理论和"三个代表"重要思想为指导

④能为改革开放和现代化建设提供强大的精神动力和智力支持

A.①②③　　　　B.①③④　　　　C.②③④　　　　D.①②④

4.指导思想从来就是判别文化性质和方向的主要标志。我们所要建设的当代中国先进文化,是社会主义的文化,马克思主义是我们党和国家进行文化建设的指导思想。那么,我国的文化建设必须以马克思主义为指导是由我国的_____所决定的。

A.基本国情　　　　　　B.社会主义性质

C.生产力水平　　　　　D.人们的思想觉悟

5.坚持马克思主义的指导地位（　　）。

①是立党立国之本

②是社会主义现代化建设的根本

③是我们做好各项工作的根本出发点

④是社会主义文化建设的根本

A.①②③　　　　B.②③④　　　　C.①③④　　　　D.①②④

课外体验

1.国家主席胡锦涛在会见全国道德模范时发表讲话强调:"在全面建设小康社会,加快推进社会主义现代化的进程中,我们始终要高度重视和切实加强社会主义思想道德建设。"之所以要加强社会主义思想道德建设,是(　　)。

①它是中国特色社会主义文化建设的重要内容和中心环节

②它规定着文化建设的性质和方向

③它是我国各项工作的中心

④它是社会主义文化建设的灵魂

A.①②③　　　　B.②③④　　　　C.①③④　　　　D.①②④

2.当前"恶搞"作品在网络上可谓"新作不断"、"超越不断",正在成为一种新的"文化时尚"。对此正确的认识是(　　)。

①满足了人们日益多样的文化需求　②反映了文化市场盲目性和传媒的商业性　③把经典文化流行化,传统文化时尚化　④是历史虚无主义、文化虚无主义思潮的一种表现形式

A.②④　　　　B.①③　　　　C.②③④　　　　D.①②③

3.2011年中国共产党成立90周年,一些反映爱党爱国情结的优秀文化作品,如《建党伟业》等,深受人民群众喜爱,唱响了2011年荧屏的主旋律。这主要说明了(　　)。

①人民群众对文化的需求呈现出由多样化向一元化转化的特点

②主旋律作品在文化生活中发挥着强有力的导向和示范作用

③发展先进文化必须以高尚的精神塑造人、优秀的作品鼓舞人

④中国特色社会主义文化在人民大众的文化生活中占据着主导地位

A.①②③　　　　B.②③④　　　　C.①③④　　　　D.①②④

4.余秋雨说:"好书是岁月和空间的凝炼,集中了智者对于人性和自然的最高感悟。阅读它们,能够使年青人摆脱平庸和狭隘,发现自己的精神依托和人生可能。"这表明(　　)。

A.人们常常遭遇思想道德上的"两难选择"

B.多读书才能提高人们的知识文化水平

C.加强思想道德修养能够促进知识文化修养

D.要在知识文化的陶冶中不断升华自己的思想道德境界

5.下列对落后文化、腐朽文化叙述正确的是(　　)。

①二者都不是科学文化　②腐朽文化侵蚀民族精神,阻碍先进生产力发展　③落后文化常以传统习俗的形式表现出来　④对落后文化要坚决依法取缔

A.②③④　　　　B.①②④　　　　C.①③④　　　　D.①②③

6.近年来,电视娱乐节目越做越多,越多越火,丰富了荧屏,带来了欢乐。但与此同时,由于过分追求收视率,不少娱乐节目低俗化的倾向十分明显。低俗化的结果,就是丧失电视

节目的文化本性。

(1)材料反映了当前文化生活中的什么现象？出现这种现象的原因是什么？

(2)请你就如何解决文化低俗化现象设计几条合理化建议。

建设社会主义精神文明

【课标导读】

知识目标:理解中国特色社会主义伟大旗帜是引领我国文化前进方向的旗帜。

知道社会主义精神文明建设的根本目标是培育有理想、有道德、有文化、有纪律的公民。了解社会主义精神文明建设在社会主义现代化建设中的重要作用。

了解加强社会主义精神文明建设的主要途径是大力发展教育、科学和文化事业,了解党和国家为推动我国教育、科学和文化事业发展所采取的各项措施。

能力目标:能够正确辨别科学与非科学现象,自觉树立科学精神,努力学科学、讲科学、用科学;积极参加有意义的精神文化活动,丰富我们的精神生活,陶冶我们的思想道德,升华我们的道德境界。

情感、态度与价值观目标:乐于学习,尊重科学,追求真理,具有科学态度和创新精神,敢于同封建迷信思想和资本主义腐朽思想进行斗争;热爱生活,积极参加各种形式的精神文明创建活动,保持昂扬向上的精神状态,追求更高的思想道德目标。

【知识逻辑】

建设社会主义精神文明
- 是什么
  - 思想道德建设
  - 科学文化建设
- 为什么
  - 社会主义精神文明是全面建设小康社会的重要目标
  - 社会主义的重要特征,精神文明建设搞好了,人心凝聚,精神振奋,各项事业就会全面兴盛。精神文明建设搞不好,人心涣散,精神颓废,各项事业都难以搞好。
- 怎么样
  - 牢牢把握先进文化的前进方向,关键在于坚持马克思主义在意识形态的指导地位
  - 大力加强社会主义核心价值体系
  - 根本目标:培育"四有"公民
  - 发展教育、科学和文化事业
  - 必须立足于中国特色社会主义实践
  - 要尊重人民群众是精神文明创建活动的主体地位,积极投身于社会主义精神文明建设的伟大实践,做新时期先进文化的传播者

【自学导航】

一、根本目标:培育"四有"公民

1.在当代中国,发展先进文化,就是建设_____。

2.建设社会主义精神文明的根本任务,是培育一代又一代_____、_____、__的公民,提高整个中华民族的_____素质和_____素质,以适应社会主义现代化建设的需要。

二、发展教育、科学和文化事业

1.教育是发展科学技术和培养人才的基础,在现代化建设中具有_____、_____作用,必须_____,办好人民满意的教育,建设_____。发展教育事业,要全面贯彻党的教育方针,坚持_____、_____,实施_____,提高教育现代化水平,培养_____ __的社会主义建设者和接班人。

2.发展中国特色社会主义文化,要充分认识科学技术是_____,大力加强_____建设;普及科学知识,_____;坚持_____和_____并重,充分发挥_____在经济社会中的重要作用,在全社会形成_____、_____,反对_____的良好氛围。

3.发展中国特色社会主义文化,要扶持_____,发展_____,鼓励_____,营造有利于_____、_____、_____的环境。要坚持把发展_____作为保障人民基本文化权益的主要途径,加大投入力度,加强_____建设。要大力发展_____,繁荣_____,增强_____。

三、建设和谐文化,培育文明风尚

1.和谐文化是全体人民团结进步的_____。建设和谐文化,要开展_____,完善__ _____,形成_____、_____、互爱互助、见义勇为的社会风尚。

2._____,是亿万人民参加文化建设的伟大实践。

3.投身于_____的伟大实践,做新时期中国先进文化的传播者和建设者,是当代中国青年成长、成才的必然选择。

【要点导释】

1.社会主义文化建设与思想建设之间是什么关系?

社会主义精神文明建设包括文化建设和思想建设两个方面。这两个方面是互相渗透和互相促进的辩证关系。文化建设是思想建设的基础,思想建设是文化建设的灵魂,它决定文化建设的性质和为谁服务的方向。文化建设必须在马克思主义指导下发展,马克思主义不仅是思想建设的一个主要内容,而且是全部思想建设的核心。马克思主义还为文化建设提供科学世界观和方法论的指导,促进教育科学文化的发展。

2.教育在建设中国特色社会主义先进文化中的重要作用。

①教育是文化传播的重要途径之一。

②教育是人类特有的传承文化的能动性活动,具有选择、传递、创造文化的特定功能,在人的教化和培育上始终扮演着重要角色。

③教育通过受教育者的传道、授业、解惑,把文化传递给下一代。

④教育能够以浓缩的形式重演人类在漫长的历史中走过的认识世界的过程,使人们在有限的学习生涯中获得既得的文化财富,"站在前人的肩膀上"从事文化创造。

⑤随着教育方式的不断变革,教育在人类文化的传承中将产生越来越大的影响。

⑥教育是发展科学技术和培育人才的基础,在现代化建设中具有基础性、先导性、全局性作用,必须优先发展教育,办好人民满意的教育,建设人力资源强国。

3.人民群众创建精神文明活动的作用。

(1)发展先进文化,本质上是一个立足于建设中国特色社会主义伟大实践而不断进行创造的过程,也就是社会主义精神文明的创建过程。

(2)有亿万人民参加的精神文明创建活动,是中国特色社会主义文化根深叶茂的土壤。

(3)人民群众在社会主义精神文明创建活动中创造了丰富多彩的形式。

(4)各具特色的精神文明创建活动,使人们在自觉参与的过程中思想感情得到熏陶,思想觉悟得到启发,精神生活得到充实,道德境界得到增强,道德意识得到升华,这对整个中华民族的精神面貌,正在产生不可估量的积极影响。

4.怎样理解和谐文化?

和谐文化是指一种以和谐为思想内核和价值取向,以倡导、研究、阐释、传播、实施、奉行和谐理念为主要内容的文化形态、文化现象和文化性状。它包括思想观念、价值体系、行为规范、文化产品、社会风尚、制度体制等多种存在方式。和谐文化最核心的内容,是崇尚和谐理念,体现和谐精神,大力倡导社会和谐的理想信念和价值取向。

和谐文化是和谐社会的重要特征。有没有和谐的文化,是一个社会能否和谐发展的关键,也是衡量一个社会是否和谐的重要标尺之一。在我国,和谐文化是我们党构建社会主义和谐社会的战略思想以文化形式外化的一种表现和展示,也是加强社会主义和谐社会建设的精神武器和具体方式。建设和谐文化,倡导和谐的价值取向,可以为社会主义和谐社会的建设提供更坚实的思想基础,引导人们正确处理社会生活中的复杂矛盾,鼓励一切有助于促进和谐的思想行为,不断增加社会生活的和谐因素,建立健全保障社会和谐的各种法律的、制度的、道德的规范体系,从而使我们的社会呈现一种既充满活力又团结和谐的局面。

和谐文化是以和谐的内涵为理论基础的文化体系,是当今世界最先进的思想文化,是创建和谐社会与创建和谐世界的前提条件。只有在和谐文化的指导下,才能创造出和谐的政治与和谐的经济,只有用和谐文化培养出来的人,才能自觉地去创建和谐社会与和谐世界。要创建和谐世界,就必须先创建、发展、提高与普及和谐文化。

【高考在线】

1.(2009 海南卷)据报道,在电影下乡活动中,海南省电影公司在全国率先建立了省级农村电影院线,至 2009 年初,已在全省 2500 多个行政村放映了 16000 多场电影,观影农民近 500 万人次。电影下乡活动有利于(   )。

①实现公共文化资源共享,是消除城乡差别的关键步骤

②开拓农村电影市场,促进电影文化产业的繁荣发展

③保障农民的文化权益,丰富农民的精神文化生活

④加强精神文明建设,使之成为新农村建设的根本动力

A.①②   B.②③   C.③④   D.①④

答案:B。

解析:在当前的社会发展阶段,我国的城乡差距只能缩小不能消除,故①的说法错误;精

神文明建设能够为社会主义新农村建设提供精神动力和智力支持,而不是新农村建设的根本动力,故④的说法错误;排除含①④的选项,本题选 B 项。

2.十七大上,胡锦涛总书记号召我们大力发展先进文化。那么,在当代社会,发展先进文化,就是( )。

A. 建设社会主义物质文明　　　　B. 建设社会主义精神文明
C. 建设社会主义政治文明　　　　D. 建设社会主义和谐社会

答案:B。

解析:本题考查发展先进文化与建设社会主义精神文明的关系,考核学生对知识内在联系的理解能力。社会主义社会是全面发展、全面进步的社会,它是物质文明、政治文明和精神文明的统一。与之相适应,我国的现代化建设包括建设中国特色主义文化。所以,当代中国,发展中国特色社会主义文化就是发展先进文化,就是建设社会主义精神文明,故应选 B 项。

3.建设社会主义精神文明,必须大力发展教育、科学和文化事业。以下选项属于发展科学技术的是( )。

①普及科学知识,弘扬科学精神　　②坚持自然科学和社会科学并重
③加强科学基础设施建设　　④发展文化事业和文化产业

A. ①②③　　　　B. ②③④　　　　C. ①③④　　　　D. ①②③④

答案:A。

解析:本题考查科学在社会主义精神文明中的地位和作用,考核学生的理解能力。发展社会主义精神文明,建设中国特色社会主义文化,必须重视科学技术的重要作用。①②③属于发展科学技术的具体措施。④不应选,文化事业和文化产业不属于科学技术的范围。

【合作探究】

和谐文化是全体人民团结进步的重要精神支撑,建设和谐文化是构建社会主义和谐社会的重要任务。

请运用文化生活知识分析说明,如何建设和谐文化?

【学习体验】

课堂体验

1.之所以说科学技术是第一生产力,是因为( )。

A. 科学技术是衡量社会进步与否的标准

B. 我国要实施科教兴国战略

C. 科学技术深刻影响着生产力各要素,已成为现代社会经济增长的主要推动力

D. 我们要崇尚科学,反对迷信

2."百年大计,教育为本"、"经济要振兴,教育要先行"。这些话表明( )。

①教育是立国之本

②教育是经济基础

③教育对经济和社会发展具有先导性、全局性作用

④必须把教育摆在优先发展的战略地位

A.①②　　　　B.③④　　　　C.①③　　　　D.②④

3.建设社会主义精神文明,必须大力发展教育、科学和文化事业。以下选项属于发展科学技术的是( )。

①普及科学知识,弘扬科学精神　②坚持自然科学和社会科学并重

③加强科学基础设施建设　④发展文化事业和文化产业

A.①②③　　　B.②③④　　　C.①③④　　　D.①②③④

4.文化建设的重要内容包括( )。

①发展文学艺术事业　②发展新闻出版事业

③发展广播影视事业　④发展教育事业

A.①②③　　　B.②③④　　　C.①③④　　　D.①②③④

5.下表是2010年我国网络游戏产值及其相关产业带动作用(单位:亿元)

网络游戏产值	对通信业务收入贡献	对IT产业贡献	对媒体及传统出版业贡献
32.5	94.8	42	26.4

表中数据说明( )。

A.文化产业是我国的主导产业

B.网络游戏会带来巨大经济效益,应积极鼓励一切形式的网络游戏发展

C.净化网络环境刻不容缓

D.文化产业的发展,有利于带动相关产业的发展

课外体验

1.某村有一"风水宝地",村民担心耕种会引来灾祸。村干部不信邪,带头承包了"风水宝地",不仅没有遭灾,反而获得了可观的收入。针对上述情况,当地政府应该( )。

A.认真贯彻宗教信仰自由政策　　　B.加强社会主义精神文明建设

C.完善土地承包经营责任制　　　　D.加大对农业的投入

2.中共中央、国务院相继发出《关于进一步加强和改进未成年人思想道德建设的若干意见》和《关于进一步加强和改进大学生思想政治教育的意见》,要求各地各部门大力加强未成年人的思想道德建设和大学生思想政治教育。上述举措有着重要的现实意义。这表现为( )。

①是提高中华民族整体素质的需要　②是为中华民族的伟大复兴奠定基础

③是精神文明建设的题中之意　④是维护人民群众根本利益的需要( )。

A.①②③　　　B.①③④　　　C.①②④　　　D.①②③④

3.报考普通高校不再受年龄和婚否的限制,这不仅体现了我国高等教育已在向大众化发展,而且体现了终身教育的思想,说明我国正在向学习型社会迈进。活到老,学到老,已不仅是一种美德,而且是一种生存和发展的需要。关于教育的地位和作用,下列说法正确的是

( )。

①教育是发展科学技术和培养人才的基础
②发展教育事业必须加大教育投入
③教育在现代化建设中具有基础性、先导性、全局性作用
④发展教育事业必须深化教育改革

A.①③   B.②④   C.①②   D.③④

4.不用塑料袋不是一件大事,但展现的却是现代文明的新理念。治理污染没有局外人,保护环境没有旁观者。这告诉我们( )。

A.要开辟新时期职业道德建设的新途径
B.要创造多种精神文明创建活动的形式
C.发展先进文化就是创建精神文明
D.要积极投身于精神文明建设的伟大实践

5.中国有些历史文化资源成为外国文化产业资源,如日本版《三国演义》、美国版《花木兰》等。这启示我们( )。

A.文化遗产是国家和民族的重要标志
B.应该大力发展我国的文化产业
C.用法律手段遏制外国的文化掠夺
D.应该坚持正确的文化发展方向

6.共青团中央办公厅发出通知,在全国开展"科学、文明、健康"社区青年节活动。活动的主题是:"社区科普巡礼"社区青年活动。活动的主要内容是:"社区科普巡礼"、"文明新风进我家"、"健康生活你我他"。

结合所学知识,回答下列问题。

(1)开展这次社区青年节活动有什么意义?

(2)为配合这次活动,你打算怎样去做?

第十课　文化发展的中心环节

高昂的药费

欧洲有个妇人患了癌症,生命垂危。医生认为只有一种药才能救她,就是本城一个药剂师最近发明的镭。制造这种药要花很多钱,药剂师索价还要高过成本十倍。他花了200元制造镭,而这点药他竟索价2000元。病妇的丈夫海因兹到处向熟人借钱,一共才借得1000元,只够药费的一半。海因兹不得已,只好告诉药剂师,他的妻子快要死了,请求药剂师便宜一点卖给他,或者允许他赊欠。但药剂师说:"不成!我发明此药就是为了赚钱。"海因兹走

投无路竟撬开商店的门,为妻子偷来了药。

问题:这个丈夫应该这样做吗?为什么应该?为什么不应该?法官该不该判他的刑,为什么?

加强思想道德建设

【课标导读】

知识目标:知道道德总是随着时代的发展而被赋予新的内涵;知道思想道德建设在社会主义文化建设中的地位和作用;知道树立社会主义荣辱观的重要意义;了解社会主义思想道德建设的基本要求。

能力目标:能够对中华民族数千年来所形成的传统道德进行批判性分析,发扬其中的传统美德,并赋予其新的时代内涵。牢固树立社会主义思想道德观念,自觉抵制各种拜金主义、享乐主义和极端个人主义思想观念的侵蚀,自觉遵守公民基本道德规范。正确分析当今社会生活中存在的思想道德冲突,认识社会生活的急剧变化给人们的思想道德观念带来的冲击和挑战。

情感、态度与价值观目标:形成爱祖国、爱人民、爱劳动、爱科学、爱社会主义的坚定信念,自觉遵守社会公德、职业道德和家庭美德。努力加强自身的思想道德修养,成为一个道德高尚的人,一个脱离低级趣味的人,一个有益于国家和人民的人。

【知识逻辑】

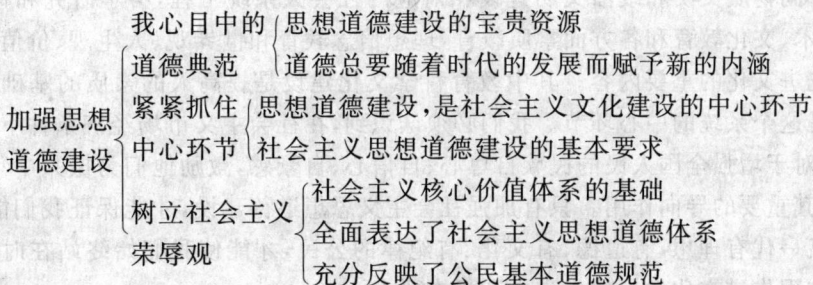

【自学导航】

1. 道德总要随着_____的发展而被赋予新的内涵。

2. _____是发展中国特色社会主义文化的重要内容和中心环节。社会主义思想道德建设,要以_____为核心,以_____为原则,以增强_____为重点,以_____为基本要求,以_____为着力点。

3. _____是社会主义思想道德的集中体现,是社会主义核心价值体系的基础。

4. 以_____为主要内容的社会主义荣辱观全面表达了社会主义思想道德与_____相适应、与_____相协调、与中华民族传统_____相承接的要求和特征。它是对社会主义思想道德体系全面系统、准确通俗的表达。

5."八荣八耻"的内容是什么?

【要点导释】

1.我心目中的道德典范。

(1)中华传统美德和我们党的优良革命传统是我们加强思想道德建设不可缺少的宝贵资源。在几千年发展历程中,中华民族在创造灿烂文化的同时,形成了优秀的传统美德。例如,公正无私、嫉恶如仇、诚实笃信、不尚空谈、防微杜渐、三省吾身、豁达大度、温良恭俭让等修身之道;敬业乐群、公而忘私的奉献精神;天下兴亡、匹夫有责的爱国情操;"先天下之忧而忧,后天下之乐而乐"的崇高志向;自强不息、艰苦奋斗的昂扬锐气;"富贵不能淫,贫贱不能移,威武不能屈"的浩然正气;"苟利国家生死以,岂因祸福避趋之"、"鞠躬尽瘁,死而后已"的为政风范;厚德载物、达济天下的广阔胸襟;奋不顾身、舍生取义的英雄气概;"大道之行,天下为公"、"以天下为己任"的社会理想;"己所不欲,勿施于人"、"老吾老以及人之老,幼吾幼以及人之幼"的社会风尚等等。

(2)道德总是随着时代前进而不断丰富和发展的,加强思想道德建设、充分发挥道德模范榜样的作用,是培育"四有"公民的必然要求。

2.紧紧抓住中心环节。

(1)思想道德建设在社会主义精神文明建设中的重要地位。江泽民说:"在当代中国,发展先进文化,就是发展有中国特色社会主义的文化,就是建设社会主义精神文明。"发展先进文化是一个同物质文明和政治文明建设相对应的社会大系统工程,科学研究和科学知识普及,文学艺术、文化教育和各方面素质教育,理想信念教育和世界观、人生观、价值观教育等,都是发展先进文化的重要内容。其中教育科学文化建设是提高人的素质的基础,而思想道德建设则是这个系统的中心环节。我们必须认识到,在社会主义市场经济条件下,加强思想道德建设,对于增强全国人民的民族自尊心、自信心、自豪感,激励他们为振兴中华而不懈奋斗,有着极其重要的导向作用。只有加强社会主义思想道德建设,才能保证我们能够真正培养出一代又一代有理想、有道德、有文化、有纪律的公民,才能使我们始终站在时代的前列,从根本上体现先进文化发展的先进性和根本要求。

(2)思想道德建设规定着文化建设的性质和方向,是文化建设的灵魂。我们所说的"思想道德建设",是指在马克思列宁主义、毛泽东思想、邓小平理论、"三个代表"重要思想和科学发展观指导下,符合社会主义社会发展特点和要求的思想道德建设。正因为如此,社会主义思想道德建设集中体现了精神文明的先进性质和方向,对社会政治经济的发展具有巨大的能动作用。只有加强社会主义思想道德建设,才能促进全社会道德风尚的进步,才能在全国人民中形成强大的凝聚力和向心力,形成实现中华民族伟大复兴的精神支柱。

(3)加强社会主义思想道德建设的基本要求。社会主义思想道德建设要坚持以为人民服务为核心、以集体主义为原则、以增强诚信意识为重点,以爱祖国、爱人民、爱劳动、爱科学、爱社会主义为基本要求,以社会公德、职业道德、家庭美德、个人品德为着力点。

3.树立社会主义荣辱观。

(1)在我们社会主义社会里,是非、善恶、美丑的界限绝对不能混淆,坚持什么、反对什么;倡导什么、抵制什么,必须旗帜鲜明。这也就是说在社会主义社会,知荣明耻是十分重要的。

(2)社会主义荣辱观的重要地位。社会主义荣辱观是社会主义思想道德的集中体现,是社会主义核心价值体系的基础。

(3)"八荣八耻"的荣辱观。以"八荣八耻"为主要内容的社会主义荣辱观全面表达了社会主义思想道德与社会主义市场经济相适应、与社会主义法律规范相协调、与中华民族传统美德相承接的要求和特征。它是对社会主义思想道德体系全面系统、准确通俗的表达。

社会主义荣辱观旗帜鲜明地指出了在社会主义市场经济条件下,应当坚持和提倡什么、反对和抵制什么,为全体社会成员判断行为得失、作出道德选择、确定价值取向,提供了基本的价值准则和行为规范。在我们这样一个有 13 亿多人口、56 个民族的发展中大国,实现事业发展、社会和谐的目标和追求,必须确立普遍奉行的价值准则和道德要求,形成和谐的人际关系和社会风尚。社会主义荣辱观,既有先进性的导向,又有广泛性的要求,贯穿社会生活各个领域,覆盖各个利益群体,涵盖了人生态度、社会风尚的方方面面。在全社会大力弘扬社会主义荣辱观,是和谐文化建设的基本任务。

【高考在线】

1.(2011 山东卷)2011 年,国家旅游局推出"中华文化游"主题旅游年活动,主要围绕中国的传统文化和多元民族文化,将中国的旅游资源推向世界。这一活动有利于( )。

①扩大中华文化的国际影响力　②丰富中国传统文化基本内涵

③增强民族文化的多元性特征　④促进中外文化的交流与借鉴

A.①② 　　　　B.①④ 　　　　C.②③ 　　　　D.③④

答案:B。

解析:将我国的文化旅游资源推向世界,增进世界对我国文化的了解,有利于增强中外文化的交流与借鉴。①④正确;中外文化的交流能够丰富中华文化但不仅仅是中国的传统文化,排除②;③与材料不符,排除。

2.(2011 山东卷)要"提高全民族文明素质,为现代化建设提供有力的思想保证、精神动力和智力支持",从文化建设的角度应当( )。

A.拓展群众性精神文明创建活动　　B.倡导和践行传统文化的价值观

C.优先提高公民的科学文化修养　　D.改造腐朽文化取缔落后文化

答案:A。

解析:要做好此题,首先要审好题目要求,从"文化建设的角度",必须是加强群众性精神文明建设,由此排除 B;即使优先发展了公民的科学文化修养,也不一定就能提高全民族的文明素养,排除 C;D 是错误的,要改造落后文化、取缔腐朽文化。

【合作探究】

材料:据报载,沈阳市教育局在一次对全市中小学生的道德心理状况进行摸底抽查中,得出了一个让人惊讶的结论——景仰黑势力老大的学生几乎是崇拜父母人数的两倍。据一项关于青少年犯罪特点的调查显示,"犯罪低龄化、手段暴力化、方式团伙化",已经成为当前未成年人犯罪的主要趋势。而广大青少年对于黑势力的认识,则大多来自于一些不良图书和音像制品。

联系所学内容,谈一谈文化管理部门、文化生产单位、青少年分别应当如何应对这种现象。

【学习体验】

课堂体验

1.中国自古以来有着许许多多思想观念,比如,敬业乐群、公而忘私的奉献精神;天下兴亡、匹夫有责的爱国情操;自强不息、艰苦奋斗的昂扬锐气;富贵不能淫、贫贱不能移、威武不能屈的浩然正气;鞠躬尽瘁、死而后已的为政风范;厚德载物、道济天下的广阔胸襟;奋不顾身、舍生取义的英雄气概;大道之行、天下为公的社会理想,等等。这表明( )。

A.中国是一个历史悠久的国家

B.中华民族形成了许多传统美德

C.中华民族有着悠久的历史和文化

D.中国自古以来流传着各种思想文化

2.在中国特色社会主义文化建设的系统工程中,必须紧紧抓住思想道德建设这个中心环节。这是因为思想道德建设( )。

①是中国特色社会主义文化建设的重要内容 ②是中国特色社会主义文化建设的中心环节 ③规定着文化建设的性质和方向 ④是社会主义文化建设的灵魂

A.①②③   B.②③④   C.①②④   D.①②③④

3.我国社会主义思想道德建设的核心是( )。

A.集体主义   B.诚实守信   C.为人民服务   D.人生观

4.我国社会主义思想道德建设的重点是( )。

A."三观"教育   B.增强诚信意识

C."五爱"教育   D.基本道德规范

5.我国社会主义思想道德建设的着力点是( )。

A.坚持为人民服务宗旨

B.坚持集体主义原则

C.社会公德、职业道德、家庭美德、个人品德

D.坚持进行"五爱"教育

课外体验

1.某省提出:"教育落后最令人揪心、焦虑","教育是各级党委政府的第一把手工程,务必要像抓经济那样抓教育"。这是因为( )。

A.发展教育是发展先进文化的根本目标

B.教育在现代化建设中具有基础性、先导性、全局性作用

C.教育是凝聚和激励全国各族人民的重要力量

D.教育的发展在人民大众的文化生活中始终占据着主导地位

2.思想道德建设的重点是( )。

A.爱国主义 B.为人民服务 C.诚实守信 D."五爱"

3.安徽泗县大庄镇卫生防疫保健所未经县政府同意,擅自与学校联系,组织乡村医生对该镇19所学校学生接种甲肝疫苗,从而酿成事端。记者在采访中发现,其实当事人擅自接种疫苗主观上"主要是想多赚点钱"这一事件告诉我们( )。

A.搞市场经济,必然导致人们的思想道德水平下降

B.市场经济是法制经济,应加强法制建设

C.应不断加强市场主体的知识文化修养

D.社会主义市场经济越发展,越需要不断加强社会主义思想道德建设

4.一名初中毕业的青年利用自学的电脑技术,专门破译高档轿车的解码器,实施盗窃。这一事例说明( )。

A.电脑技术是知识文化修养的重要内容

B.人们常常面临思想道德的两难选择

C.加强思想道德修养是培养合格人才的关键

D.缺乏知识文化修养,容易走上违法犯罪的道路

5.对于年轻一代,我们需要用灿烂历史和伟大成就来激发他们的爱国热情,同时更需要引导他们从点点滴滴做起,踏踏实实地沉下去,触摸我们脚下的这块土地。这表明,要加强自身修养,推进社会主义文化建设,就必须( )。

①立足于中国特色社会主义实践 ②坚持以我为主,为我所用 ③脚踏实地、不尚空谈、重在行动 ④提高知识文化修养,加强思想道德修养

A.①②③ B.②③④ C.①②④ D.①③④

6.湖南怀化化学院经管系2003级学生洪战辉带着捡来的妹妹艰难求学的感人事迹,经新闻媒体报道后,在全国青年学生中引起强烈反响。2005年12月16日,教育部发出《关于开展向洪战辉同学学习的通知》。《通知》要求各地教育行政部门和各级各类学校迅速行动起来,组织广大学生向洪战辉同学学习,学习他自强不息、勇于进取的坚韧品格;学习他克服困难的坚强意志和战胜困难的顽强毅力;学习他面对困难不低头、面对挫折不放弃的奋斗精神;学习他刻苦学习、严于律己、诚实质朴的高尚品质;学习他乐观向上、积极进取的人生态度和高尚的思想品德。

运用文化知识有关知识回答:

(1)我们青年学生应如何正视生活中的思想道德冲突,并作出正确的判断和选择?

(2)我们青年学生加强思想道德修养的必要性和重要性是什么?

思想道德修养与科学文化修养

【课标导读】

知识目标:了解科学文化修养和思想道德修养的含义;理解思想道德修养与知识文化修养之间的关系;分析现实生活中怎样追求更高的思想道德目标。

能力目标:提高学生归纳与分析问题的能力,培养学生用辩证的观点分析、理解思想道德修养与知识文化修养之间的关系问题的能力。

情感、态度与价值观目标:通过学习,努力加强自身的思想道德修养,成为一个道德高尚的人,一个脱离低级趣味的人,一个有益于国家和人民的人。

【知识逻辑】

思想道德修养与科学文化修养的关系
- 区别:含义
- 联系:良好的科学文化修养,能促进思想道德修养(原因)
- 加强思想道德修养,能促进科学文化修养(原因)

【自学导航】

1. 面对生活中的思想道德冲突,要做出正确的判断和选择,一个重要的途径,就是在_____的实践中,加强自身的_____和_____,不断追求更高的_____。

2. 知识文化修养的重要内容是学习_____用人类创造的_____武装自己的头脑。

3. 良好的知识文化修养,能够_____思想道德修养;同样,加强思想道德修养也能够_____知识文化修养。

4. 加强自身的科学文化修养和思想道德修养,是一个_____的过程。

5. 在遵守公民基本道德规范的基础上,追求更高的思想道德目标,是一个不断_____的长期过程。要形成正确的_____,努力学习_____,坚定共同理想,逐步树立远大理想。

6. 在加强自身修养的过程中,追求更高的思想道德目标,要_____、重在_____,从_____做起,从_____做起。

【要点导释】

1. 直面生活中的思想道德冲突。

第一,社会主义市场经济的深入发展,既推动我国生产力的发展和社会的全面进步,又对建设社会主义精神文明提出了全新的课题。任何一种社会道德都源于个人利益及其利益实现的需要。在社会转型期,社会分工、经济成分细致化,个人具体利益及生活方式多样化,人与人之间的关系特别是社会利益关系更加复杂化,这势必导致道德关系的复杂化。在这种情况下,还要与封建主义落后文化斗争,同资产阶级腐朽思想抗争,人们容易产生道德困惑、道德冲突甚至是道德失落。

第二,对社会主义市场经济不能求全责备,对产生道德困惑、道德冲突和道德失落原因的分析不可简单化、片面化、表面化。事实上,有一部分道德问题是来自市场经济的负面的、消极的影响,如市场经济追求利润最大化,诱发和助长了拜金主义倾向。但是,相当一部分的道德败坏本身就来自封建主义落后的、资本主义腐朽的文化与思想。迷信、愚昧、颓废、庸俗是地地道道的封建主义文化残渣,拜金主义、享乐主义、极端个人主义是地地道道的资本主义思想糟粕,它们并不是社会主义市场经济才有的现象,更不是社会主义市场经济的产物。

第三,我们大力发展社会主义市场经济,建设社会主义精神文明,创建社会主义先进文化,不断加强自身的知识文化修养和思想道德修养,不断追求更高的思想道德目标,就是为了坚决抵制一切腐蚀人们精神世界、危害中国特色社会主义的没落、腐朽的思想与文化。

2.知识文化修养与思想道德修养。

(1)知识文化修养与思想道德修养的含义。

(2)知识文化修养与思想道德修养之间的关系。

(3)提高知识文化修养的根本意义。

特别提示:社会主义文化建设与思想道德建设之间是什么关系?

社会主义精神文明建设包括文化建设和思想道德建设两个方面。这两个方面是互相渗透和互相促进的辩证关系。文化建设是思想道德建设的基础,思想道德建设是文化建设的灵魂,它决定文化建设的性质和为谁服务的方向。思想道德建设是中国特色社会主义文化建设的重要内容和中心环节,文化建设必须在马克思主义指导下发展,马克思主义不仅是思想道德建设的一个主要内容,而且是全部思想道德建设的核心。马克思主义还为文化建设提供科学世界观和方法论的指导,促进教育科学文化的发展。

3.追求更高的思想道德目标。

(1)知识文化修养和思想道德修养是一个没有止境的过程。

(2)在遵守公民道德规范的基础上,追求更高的思想道德目标。

(3)在加强自身修养的过程中,追求更高的思想道德目标。

联系点提示:追求更高的思想道德目标离不开对传统道德和传统美德的继承,那么应怎样正确理解传统道德与传统美德的关系?

道德是社会意识形态之一,是人们共同生活及其行为的准则和规范。道德通过社会或一定阶级的舆论对社会生活起约束作用。美德,是指美好的品德。美德是内在的,是具有共性的东西。道德是通过舆论或社会要求人们遵守的一种规则,道德具有阶级性,不同阶级社会有不同的道德要求,是外在的要求。道德的要求对美德的培养起着重要的作用,而美德的存在反过来又能促进道德的遵守,传统美德是传统道德中的精华。

【高考在线】

1.(2010 山东卷)2009 年 12 月,山东省启动了"放飞梦想"绿色手机文化创作传播活动;2010 年 3 月,又开展了"诵读经典、爱我中华"活动。两大活动所体现的共同文化生活道理是( )。

A.开展有益文化活动,提升公民文化素养

B.净化社会文化环境,实现文明健康交往

C. 传播优秀传统文化,增强人的精神力量

D. 创新文化传播方式,推动经典文化发展

答案:A。

解析:解答本题的关键在于对两大文化活动的理解与判定,人的文化素养是通过参与文化活动逐步培养的,文化对人的影响来自于特定的文化环境和各种形式的文化活动。在"放飞梦想"活动中,"绿色"旨在引导人们接受健康向上的文化,提升公民文化素养;开展"诵读经典、爱我中华"活动旨在传播优秀传统文化,促进人的健康发展,二者均为通过开展有益文化活动引导人的发展,依据设问"共同"的限定性要求,答案为 A;B、C、D 与题目要求不符。

2.在 2010 年五四青年节到来之前,中共中央总书记胡锦涛给中国农业大学师生回信,希望中国农业大学的同学们牢固树立远大志向,努力掌握过硬本领,在热情服务"三农"的实践中建功立业,书写美好的人生。回信说明(   )。

　　A. 提高科学文化修养是当代大学生的根本追求

　　B. 只有加强科学文化修养和思想道德修养,才能更好地服务于社会

　　C. 在当代大学生身上,科学文化修养和思想道德修养是统一的

　　D. 提高科学文化修养的根本意义在于提高思想道德修养

答案:B。

解析:材料强调当代大学生只有牢固树立远大志向,努力掌握过硬本领,才能创造辉煌人生,这实际上就是要求当代大学生要不断加强科学文化修养和思想道德修养,这样才能更好地服务于社会,故本题选 B,其他选项表述均有误。

【合作探究】

　　在现实生活中,我们会面临到各种思想道德冲突。

　　那么这些思想道德冲突发生的原因是什么? 通过什么途径来解决呢?

【学习体验】

课堂体验

1. 道德冲突(   )。

①是经济生活日益发展的反映   ②不存在于现实生活中

③是一个永远无法解决的问题   ④是社会生活急剧变化的产物

　　A. ①②③   B. ②③④   C. ①④   D. ①③④

2.报道中的某高校大学通过大学生走向基层的一系列教育活动,激励了一批批毕业生到基层建功立业。这说明,具有良好的思想道德修养能(   )。

　　A. 增强辨别是非的能力   B. 养成良好的行为习惯

　　C. 促进科学文化修养   D. 运用所掌握的知识为社会造福

　　3.某些专家已长期是某个利益集团的代言人,逐渐丧失中立立场;某些专家则紧紧地与企业联系在一起,成为其传声筒。事实上,失去严谨的判断和公正的评论,最终专家也会失

去公信力。因此（   ）。

    A.加强科学文化修养可以忽略思想道德修养

    B.必须树立正确的世界观、人生观、价值观

    C.必须尊重人们的不同价值选择

    D.加强思想道德修养能够促进科学文化修养

4.(2009 福建卷)新中国成立 60 年来,成千上万的劳动模范在平凡岗位上做出了不平凡的贡献。"劳动光荣、知识崇高、人才宝贵、创造伟大"是劳模精神不变的精髓,也是时代精神永恒的内涵。表彰劳模能够(   )。

    ①提高公民的科学文化修养   ②弘扬和培育民族精神

    ③奏响先进文化的主旋律   ④杜绝好逸恶劳的思想意识

    A.①③   B.②③   C.②④   D.①④

5.(2009 安徽卷)科学文化修养和思想道德修养是一个人应当同时具备的基本素养。下列古语中蕴涵二者关系的有(   )。

    ①"富贵不能淫,贫贱不能移,威武不能屈。"(战国·孟子)

    ②"才者,德之资也;德者,才之帅也。"(北宋·司马光)

    ③"前辈谓学贵知疑,小疑则小进,大疑则大进。"(明代·陈献章)

    ④"德不称其任,其祸必酷;能不称其位,其殃必大。"(东汉·王符)

    A.①②   B.②④   C.②③   D.③④

课外体验

1.某重点学校的高一学生,把从网上搜集到的"万花谷"病毒的代码进行改进和加密,升级为"混客绝情炸弹"。在短短 40 天时间内,全国有十余万台电脑遭受到攻击,引起网民的恐慌;北京某高校学生先后两次用火碱、硫酸将北京动物园的五只熊烧伤,其中一头黑熊双目失明。上述事例表明(   )。

    A.良好的科学文化素养并不能促进思想道德素养

    B.思想道德修养比文化知识修养更重要

    C.不注重思想道德修养,即使掌握了丰富的知识,也可能危害社会

    D.缺乏文化知识修养,就容易是非不分,善恶难辨,甚至走上违法犯罪的邪路

2.上述高一学生恶意攻击电脑和高校学生用火碱、硫酸攻击黑熊的事例从反面表明,加强科学文化修养的根本意义应该在于(   )。

    ①掌握更多的科学文化知识   ②运用所掌握的知识为社会造福

    ③成为一个脱离低级趣味的人、有益于人民的人 ④不断提高为人民服务的本领

    A.①②③   B.①③④   C.②③④   D.①②④

3.无德无才是"废品",有德无才是"半成品",有才无德是"危险品",有德有才是"精品"。这一比喻表明(   )。

    A.知识比道德更重要

    B.加强知识与道德修养是无止境的

C.知识修养的根本意义在于道德修养

D.知识与道德两者相互联系缺一不可

4.2010年7月,中共中央政治局常委李长春参观吴冠中纪念特展时发表讲话,称赞吴冠中是德艺双馨的人民艺术家,并要求认真贯彻"百花齐放、百家争鸣"的文艺方针。从文化生活的角度看,"德艺双馨"寓指(　　)。

A.较高的科学文化修养

B.很高的思想道德修养

C.科学文化修养和思想道德修养的完美统一

D.思想道德修养促进科学文化修养的提高

5.有人掌握了医疗技术,却要收取"红包"后才肯救治病人;有人掌握了写作知识,却以编写充满色情、暴力的读物牟取暴利。这启示我们(　　)。

A.良好的科学文化修养能够促进思想道德修养

B.缺乏科学文化修养容易使人走上违法犯罪道路

C.具有良好的思想道德修养才能运用所掌握的知识为社会造福

D.加强思想道德修养比提高科学文化修养更重要

6.材料一:改革开放以来,我国农村面貌发生了翻天覆地的变化。但与城市相比,农村发展仍然滞后,尤其是人才严重短缺。我国目前每年大学毕业生有几百万,就业压力大,而大多数人不愿去农村。江苏、海南等地曾在20世纪末先后制定了"村官"行动计划。2008年以来,党和政府把"村官"工作提到战略高度,要求进一步完善大学生"村官"工作的长效机制和政策,以使大学生村官"下得去、待得住、干得好、流得动"。

材料二:到目前为止,全国已有7.8万名"村官",小杨就是其中的一位。大学一毕业,小杨就打破传统观念,只身来到千里之外的一个乡村任村委会主任助理。任职期间,在村党支部和村委会的领导下,她走访农户,宣传党和政府的有关方针和政策,传授农业科技知识,协助主任处理一系列村务。她刻苦学习雕刻知识,与该村艺人共同努力,使该村濒临失传的木雕工艺重放异彩,并将原先小打小闹的木雕品发展为人人喜爱的旅游纪念品。短短两年,该村的社会风气明显好转,村民的钱包鼓了起来。因此,"村官"小杨得到了领导和村民的一致好评。小杨自己也认为当"村官"是一个正确的选择。

"村官"小杨给乡村带来的变化是如何体现《文化生活》道理的?

参考答案

第一单元 文化与生活

第一课 文化与社会
体味文化

【合作探究】

(1)文化作为一种社会精神力量,能够在人们认识世界、改造世界的过程中转化为物质力量,对社会发展产生深刻的影响。这种影响,不仅表现在个人的成长历程中,而且表现在民族和国家的历史中。

(2)重庆市通过开展"唱读讲传"活动,掀起学唱红歌的高潮,给人们带来很好的艺术享受,鼓励和激发人们建设中国特色社会主义事业的斗志。

解析:本题结合重庆传唱红歌的活动,主要考查文化是一种社会精神力量的影响。学生掌握其表现,能够有效组织出答案。

【课堂体验】

1.D　2.A　3.C　4.B　5.D

【课外体验】

1.A　2.A　3.B　4.B　5.C

6.(1)不同区域有不同的文化环境。文化生活呈现出各自特有的色彩。江津李市镇是一个历史悠久的旱码头,各种文化汇聚,文化资源丰富。

(2)人们在社会实践中创造和发展文化,也在社会生活中获得和享用文化。每个人所具有的文化素养是通过参与文化活动、接受文化知识教育而逐步培养出来的。为传承这百年民间艺术,从2009年起,当地学校启动了民间艺术特色"旱码头山歌"课题研究,筛选、整理出了一批符合学生年龄特点和艺术学习特点的优秀素材,编制成适宜传唱的乡土教材《李市山歌》,融入小学音乐教学课堂,对学生进行民间艺术特色教育,从小培养民间艺术文化修养。

(3)人们的精神活动离不开物质活动,精神产品离不开物质载体。在李市镇,广大群众的生产、生活中,广大学生的课堂都听得到脍炙人口的山歌。

解析:本题围绕文化的特点,考查学生的理解和运用能力。学生要通过准确地把握材料,才能答好题。

文化与经济、政治

【合作探究】

(1)①当今世界,各国之间综合国力竞争日趋激烈,文化越来越成为民族凝聚力和创造力的重要源泉,越来越成为综合国力竞争的重要因素。

②在世界多极化和经济全球化进程中,处于弱势地位的发展中国家,不仅在经济发展上面临严峻挑战,在文化发展上也面临严峻的挑战。

(2)我国是世界上最大的发展中国家,要想在激烈的国际竞争中立于不败之地,必须把文化建设作为社会主义现代化建设的重要战略任务,激发全民族文化创造活力,提高国家文化软实力,为经济建设提供正确的方向保证、不竭的精神动力和强大的智力支持。

解析:本题考查文化在综合国力竞争中的地位、作用以及对我国的启示,学生只要掌握基础知识,理解材料即可。

【课堂体验】

1.A　2.B　3.D　4.B　5.B

【课外体验】

1.A　2.C　3.C　4.A　5.A

6.(1)跟帖认识到了经济发展对提高文化软实力的决定作用,但没有认识到文化软实力的提高还需要其他条件。

(2)提升我国文化软实力还要:充分发挥世博会的产业引领功能,更好实现文化与经济、政治的交融发展,增强我国的综合国力;充分发挥世博会的文化交流与传播功能,推动中华文化走向世界,增强中华文化国际影响力;充分利用世博会的文化融汇契机,既要面向世界、博采众长,又要继承传统、推陈出新,实现文化的创新;充分发挥世博会的文明推动功能,提高国民的科学文化修养和思想道德修养,培育既有民族性又有世界性的民族精神。

解析:上一设问,针对跟帖回答。第2题是对发帖内容进行评析。考查学生评析问题的能力。从知识的角度看,核心知识是经济发展与文化发展之间的关系。但这并不算完,题目还要求考生进一步提出自己的愿望。这一点可能考生会遗漏。世博之愿:发展世博的文化意义。

第二课　文化对人的影响

感受文化影响

【合作探究】

(1)文化影响人的交往行为和交往方式,影响人们的实践活动、认识活动和思维方式。

(2)文化对人的影响是潜移默化和深远持久的。

(3)必须大力引导和弘扬中华文化,把握世界文化发展的趋势,与时俱进,推动我国社会主义文化建设。

解析:古语说得好,"攻心为上",文化战争、文化侵略具有武装占领、经济掠夺不具备的优点,即它不是用强力压服,而是用精神手段来"化"掉你,让你在不知不觉中成为它的俘虏。

可见,如果我们不能把握世界文化的发展趋势,不能建设与时俱进的文化,确实是十分危险的。

【课堂体验】

1.D   2.A   解析:文化对人的影响来自特定的文化环境和各种形式的文化活动,③④都不是文化影响的来源。

3.D   解析:①③体现了文化对人的交往方式的影响,②④体现了文化对人的思维方式的影响。

4.D   5.B

【课外体验】

1.A   2.C   3.A   4.A   5.A

6.(1)文化对人的影响来自特定的文化环境和各种形式的文化活动。人民网推出网上爱国主义教育互动专题——"爱我中华"网民总动员活动,以此对广大网民进行爱国主义教育。

(2)文化影响人们的实践活动、认识活动和思想方式。人民网推出网上爱国主义教育互动专题活动,提高网民对祖国的认识,更加激发网民的爱国热情,激励人们以更加饱满的热情投身祖国的建设大业中。

(3)文化对人的影响具有潜移默化和深远持久的特点。大型互动专题活动,潜移默化地影响了网民的世界观、人生观、价值观。

解析:本材料考查的是文化对人的影响,结合所学知识解答即可。同理可解答:重庆的"唱红歌、诵经典""国学教育"等案例。

文化塑造人生

【合作探究】

(1)先进文化丰富战士们的精神世界。学习优秀的军事思想文化,阅读名著等活动,体现了对真善美的追求,也塑造了战士健全的人格。

(2)先进文化增强了战士们的精神力量。优秀文化作品和英雄人物事迹,以其特有的感染力、感召力增强战士的精神力量,引领他们前进。

(3)先进文化促进战士全面发展。政治信念教育、阅读优秀名著使战士们的思想道德素质、科学文化素质等各方面得到全面提高,为他们健康发展提供了不可缺少的精神食粮。

解析:文化作为一种精神力量,对人们的成长有着重要的影响,优秀文化能丰富人的精神世界,塑造健全的人格,为人的健康成长提供不可缺少的精神食粮,促进人的全面发展。

【课堂体验】

1.A   2.D   3.D   4.A   5.B

【课外体验】

1.C   2.C   3.B   4.A   5.A

6.(1)文化发展具有相对独立性,经济落后的小省区可以"办大文化",通过各种形式的先进的、健康的文化活动,促进人的全面发展,从而带动自治区经济社会的发展。

(2)文化产业本身也是重要的经济部门,发展文化产业,可以直接促进经济的发展。

解析:本题考查文化的作用,答题过程中需要联系文化的特点等方面的知识。

第二单元　文化传承与创新

第三课　文化的多样性与文化传播

世界文化的多样性

【合作探究】

(1)民族节日蕴含着民族生活中的风土人情、宗教信仰和道德伦理等文化因素,是一个民族历史文化的长期积淀。庆祝民族节日,是民族文化的集中展示,也是民族情感的集中表达。文化遗产则是一个国家和民族历史文化成就的重要标志。说传统节日是民族文化成就的重要标志是不科学的。

(2)增加民族节日,可以领略本民族文化的韵味。此外,还应该重视其他传统文化的继承、发展与创新。对待文化多样性的正确态度是:既要认同本民族文化,又要尊重其他民族文化,相互借鉴、求同存异,尊重世界文化多样性,共同促进人类文明繁荣进步。还必须遵循各国文化一律平等的原则。所以题目的观点又是片面的。

解析:本题考查的是民族文化与传统节日的关系,作答时应从二者的区别入手。

【课堂体验】

1.B　2.D　3.A　4.B

5.C

解析:①正确;②叙述错误,文化包容性并非要求文化融合,相反,文化既是世界的又是民族的,正是有了各具特色的民族文化,世界文化才丰富多彩、争奇斗艳、更具活力;③与题干无关,文化交流有利于增进理解、保护文化多样性;④正确。本题以08奥运会开幕式为题干,考查对奥林匹克文化包容精神的理解。难度中等。在文化交流中,要尊重差异、理解个性。尊重文化多样化是实现世界文化繁荣的必然要求。

【课外体验】

1.D　2.A　3.D　4.A　5.C

6.本题是探究题,可以从不同角度回答。导致文化差异有自然的、历史的、社会的等多种因素的影响。

文化在交流中传播

【合作探究】

郑和下西洋、丝绸之路的开辟等。

解析:本题重在考察学生对于历史知识的掌握情况,言之有理、有据即可。

【课堂体验】

1.C　2.C　3.B　4.C　5.D

1．A 2．C 3．A 4．B 5．C

6．(1)在现代社会生活中,文化与经济、政治三个领域之间是相互影响、相互制约的。所以,文化与经济、政治之间也具有相互交融的特点,并且随着社会的发展这一特点日益显著。我国通过文化外交促进国际关系的发展体现了这一特点。

(2)文化应该是多元的,任何一种民族文化都是在与其他民族文化的交流与融汇中发展壮大的。中华文化也是在几千年的发展过程中,融汇各民族文化,同时与外来文化不断碰撞、不断交融、相互借鉴、取长补短而成长起来的。开展文化外交有利于扩大中华文化在世界上的影响,也有利于促进中华文化的发展。

(3)我们既要更加热情地欢迎世界各国优秀文化在中国的传播,又要更加主动积极地推动中华文化走向世界。在经济全球化、政治多极化趋势明显加快的今天,我们必须发展文化外交,扩大中华文化的影响力。

第四课　文化的继承性与文化发展
传统文化的继承

【合作探究】

对待传统文化,正确的态度是:取其精华、去其糟粕,批判继承、古为今用。

【课堂体验】

1．C 2．D 3．B 4．C 5．C

【课外体验】

1．D 2．D 3．A 4．C 5．B

6．(1)不赞同该同学观点。理由:①传统文化具有相对稳定性,它的具体内涵能够因时而变,如能顺应社会生活的变迁,不断满足人们日益增长的精神需求,就能发展成为时尚文化,对社会发展起积极作用。②传统文化具有鲜明的民族性,是维系民族生存和发展的精神纽带。对于传统文化要取其精华、去其糟粕,在批判继承的基础上,推动文化的发展与创新。③无论时尚文化,还是传统文化,只要面向广大人民群众,反映人民的利益与呼声,为人民大众所喜闻乐见,都是我们所提倡的大众文化。

(2)中学生在现实文化生活中应追求的"时尚",诸如:①参加校园文学社等社团活动,多读书,读好书;②参观历史博物馆,继承和弘扬中华优秀传统文化;③积极投身社区志愿者服务队,服务社会,奉献爱心等。(说明:答案应紧扣现实文化生活举例,所举事例要具体。)

文化在继承中发展

【合作探究】

(1)我国传统文化源远流长、博大精深。现代文明不能割裂传统。"四书五经"等中华传统名篇是中国传统文化的重要组成部分,有必要发扬。

(2)要分清传统文化的精华和糟粕,引导学生用科学的观点发掘和继承传统文化的合理部分,不可照单全收。

(3)教育是为了促进学生的全面、和谐发展,应该注意方式,不要搞"一刀切"。

(4)创新与继承是文化发展必须面对的问题。既要重视传统文化,又要学习借鉴外来文化。

【课堂体验】

1.C 2.D 3.B 4.A 5.C

【课外体验】

1.A 2.B 3.A 4.B 5.A

6.(1)①正确认识文化继承与发展的关系:继承是发展的必要前提,发展是继承的必然要求。在继承的基础上发展,在发展的过程中继承。继承与发展,是同一个过程的两个方面。②正确处理文化继承与发展的关系:在这一过程中,不断革除陈旧的、过时的旧文化,推出体现时代精神的新文化,这就是"推陈出新、革故鼎新"。

(2)①每当社会制度发生新旧更替时,文化也会经历一个新的文化形态取代旧的文化形态的过程。代表新的政治、经济力量的新文化,通过反对代表旧的政治、经济力量的旧文化的斗争,有力地促进文化的进步。②科学技术的进步,是促进经济发展的重要因素,也是推动文化发展的重要因素。③不同思想文化在思想运动中相互激荡,催生着社会变革,也促进文化的发展。

第五课 文化创新
文化创新的源泉和作用

【合作探究】

(1)社会实践是文化创新的源泉。《喜耕田的故事》在题材选择上真正贴近实际、贴近生活、贴近群众,反映人们最关注、与他们切身利益息息相关的事情,较好地处理了艺术与生活的关系。

(2)文化创新推动社会实践的发展。电视剧《喜耕田的故事》与时代同步、与人民同心,及时敏锐地反映了我国当前社会变革、发展、稳定的新景象,用波澜起伏的故事情节和血肉丰满的人物形象,吸引、感染、激励广大观众,必将推动我国社会主义事业的发展。

解析:原理要求为艺术创作与社会生活实践的关系,结合材料从两方面不难得出答案。

【课堂体验】

1.C 2.A 3.B 4.B 5.D

【课外体验】

1.A 2.B 3.B 4.B 5.D

6.(1)文化创新可以推动社会实践的发展。文化源于实践,又引导、制约着社会实践的发展。我们的文化创新是适应社会实践的需要,更好地为社会实践服务。推动社会实践的发展,促进人的全面发展,是文化创新的根本目的。

(2)小说《汤姆叔叔的小屋》是比彻·斯托夫人从美国现实实践出发创作的优秀文化作品,它深深地感染了美国的民众,对于美国人民推翻不合理的社会制度有重要的推动作用。

因此,林肯总统在谈及这本书时说"一个妇人发动一场大战争"。说明文化创新可以推动社会实践的发展。

解析:先找到"文化创新的作用"这一原理的内容,然后分析"一个妇人的一部小说能发动一场大战争"就轻而易举了。

文化创新的途径

【合作探究】

(1)《梁祝》之所以能成功,关键在于坚持了文化创新。在内容及形式上积极借鉴和融合了不同民族文化,博采众长,增强了作品的文化吸引力和感染力。

(2)首先,文化创新要立足于社会实践,体现时代精神;其次,要继承传统、做到"继承传统,推陈出新";再次,进行文化的交流、借鉴和融合,要以我为主、为我所用,发展本民族文化。

解析:本题以《梁祝》的创作由来为背景,考查文化创新的途径,考查学生获取和解读信息的能力及论证和探讨问题的能力。解答本题,应首先阅读材料,联系所学知识,进行全面深入地分析。《梁祝》是中西乐器相互渗透,是通过文化融合实现文化创新的艺术典范,体现了文化创新的多种途径。文化创新既要立足于实践,又要正确对待传统文化和外来文化。

【课堂体验】

1.A　2.A　3.B　4.D　5.B

【课外体验】

1.D　2.B　3.C　4.D　5.D

6.(1)这段话主要说明在学习和借鉴其他民族优秀文化成果时,应反对"民族虚无主义"。对民族传统文化的批判性继承是文化创新的根基,在学习和借鉴其他民族优秀文化成果时以我为主,为我所用,保持文化的民族特色,才能永葆文化生命力和提升文化竞争力,才能真正实现本民族的文化创新。

(2)文化交流、借鉴和融合,是学习和吸收各民族优秀文化成果,以发展本民族文化的过程;是不同民族之间相互借鉴,取长补短的过程;是在文化交流和文化借鉴的基础上,推出融汇多种文化特质的新文化的过程。

解析:两问设问明确,属于中等题目,容易得出答案。

第三单元　中华文化与民族精神

第六课　我们的中华文化
源远流长的中华文化

【合作探究】

(1)从国家角度来说:①坚持中国共产党的领导、马克思主义的指引和中国先进文化的前进方向。②以经济建设为中心。

（2）从青年学生自身来说：①坚持中国共产党的领导、马克思主义的指引和中国先进文化的前进方向。②积极投身于中国特色社会主义事业，为实现中华民族的伟大复兴贡献自己的聪明才智。③认真学习科学文化知识，正确对待传统文化和外来文化，推陈出新、博采众长。④培养创新精神，推进中华文化的传承和创新等。

解析：本题考查的是在当前该如何创造中华文化新的辉煌。

【课堂体验】

1.B 2.A 3.D 4.A 5.A

【课外体验】

1.C 2.A 3.A 4.C 5.C

6.中华文化源远流长，千百年来它对中华民族的发展一直起着重要的作用。中华文化之所以源远流长在于它的包容性，即求同存异和兼收并蓄。在其发展的过程中，会不断吸收时代文化中的积极成分来丰富和完善自己，使其显示出顽强的生命力。即使在今天的市场经济条件下，中华传统文化中的精华仍然起着巨大的作用，如诚实信用、"慎独"、先人后己的集体观念等，对社会主义市场经济的发展仍然起着重要的推动作用。

解析：本题要求学生运用中华文化的特征，阐述传统中华文化在当前社会主义市场经济条件下起到的作用。

博大精深的中华文化

【合作探究】

悠久的乾隆时期文明的精华，说明中华文化历史悠久、一脉相承，体现了中华文化源远流长的特征。丰富的中国元素，种类繁多的艺术珍品，多样的稀世瑰宝等，说明中华文化内容丰富、形式多样，体现了中华文化博大精深的特征。中华传统文化与世界各种优秀文化相互交流、和谐共处，体现了中华文化的包容性（或"中华文化之所以源远流长、博大精深，一个重要原因在于它所特有的包容性"）。

解析：本题考查学生对中华文化特征的理解与运用。

【课堂体验】

1.D 2.D 3.A 4.B 5.A

【课外体验】

1.A 2.A 3.C 4.C 5.A

6.台湾文化是由于历史、地理原因而形成的具有明显台湾区域特征的地方文化，它是多种文化交融的产物。台湾文化根源于中华文化，它与中华文化之间是个性与共性、叶与根的关系。台湾文化具有明显的个性，同时又具有中华文化的共性。两岸人民有着共同的文化认知，因此我们应加强两岸之间的文化交流，弘扬中华文化，以文化为纽带，增强文化认同感，从而推动祖国统一大业早日实现。

解析：本题要求理解中华文化的共性和特性，培养对中华文化的强烈认同感和归属感。

第七课　我们的民族精神

永恒的中华民族精神

【合作探究】

(1)民族精神的基本内涵是:在五千多年的发展中,中华民族形成了以爱国主义为核心,团结统一、爱好和平、勤劳勇敢、自强不息的伟大民族精神。

(2)爱国主义是民族精神的核心。李娜的爱国热情,为祖国争光的使命感激发了她的成功欲望,也最终取得了自身网球事业的成功。

(3)团结统一是我国民族精神的基本内容。祖国人民对于李娜网球比赛的鼓励关注以及海外华人的现场加油都展现了我国民族的整体意识即团结统一的精神。

(4)勤劳勇敢和自强不息是我国民族精神中的两个基本内容。材料中李娜的成功与她的不怕困难、艰辛训练和永不放弃的奋斗精神有着直接关系。这体现了她勤劳勇敢、自强不息的优良品格,这也是中华民族的精神所在。

解析:本题运用李娜法网夺冠这个时事材料,结合民族精神的相关知识进行分析。首先应点明中华民族精神的内涵,然后结合材料分析李娜的夺冠过程分别体现了民族精神的哪些方面,做到理论联系实际。

【课堂体验】

1.D。解析:③说法错误,不选;④说法正确,但没有体现中华文化与民族精神的关系,故不符合题意。

2.B。解析:中华民族精神才是中华民族之魂,故③不选。

3.B　4.A

5.D。解析:注意"不正确"几个字,本题考查学生的逆向思维能力。

【课外体验】

1.D。

2.B。解析:爱国主义是重要的精神力量,但不能直接推动中华民族的振兴和繁荣,故④不选。

3.A　4.D　5.C

6.(1)①是以爱国主义为核心,团结统一、爱好和平、勤劳勇敢、自强不息的伟大民族精神。②材料中广大干部群众和解放军指战员抗灾救灾、社会各界捐款捐物等行为体现了中华民族精神中的团结统一、勤劳勇敢和自强不息三个方面。

解析:本题先点明这种民族精神是中华民族精神,然后结合材料指出体现了民族精神内涵的哪些方面。广大干部群众和解放军指战员全力救灾抢险的行为体现了中华民族精神中的勤劳勇敢和自强不息的民族精神;社会各界积极为灾区捐款捐物,做到一方有难八方支援,体现了中华民族精神中的团结统一。

(2)因为中华民族精神始终是维系中华各族人民共同生活的精神纽带;是支撑中华民族生存、发展的精神支柱;是推动中华民族走向繁荣、强大的精神动力,是中华民族之魂。它集中体现了一个民族独有的精神特质,是鞭策中华儿女不断开拓进取的永恒的精神力量。

解析:本题主要回答中华民族精神的地位和作用。

弘扬中华民族精神

【合作探究】

(1)中华民族精神始终是中华各族人民共同生活的精神纽带;支撑中华民族生存发展的精神支柱;推动中华民族走向繁荣、强大的精神动力,是中华民族之魂。

(2)①弘扬和培育中华民族精神,是提高全民族综合素质的必然要求。通过举办广州亚运会,展现了中国人良好的精神风貌和素质,进一步促进全民族综合素质的提高。②是增强国际竞争力的要求。通过举办广州亚运会,展示了中国强大的民族凝聚力,展现了良好的民族形象,有利于提高我国的综合国力。③是坚持社会主义道路的需要。广州亚运会的成功举办,展示了社会主义制度能集中力量办大事的优越性,增强我们的民族自豪感和坚定走社会主义道路的自信心。

解析:第一问主要是回答民族精神的作用。第二问主要是结合材料从三个方面分别分析弘扬和培育民族精神的必要性,做到理论联系实际。

【课堂体验】

1.B 2.A

3.B。解析:③与题意无关,不选。

4.D 5.B

【课外体验】

1.B。解析:④说法错误,现阶段党和国家的中心任务是以经济建设为中心。

2.C。解析:④的说法绝对化了,不正确;②没有体现题意。

3.B。

4.C。③和④的说法都具有片面性,对于传统文化和外来文化,我们都应取其精华、弃其糟粕,不能全盘否定或全盘肯定。

5.B。

6.(1)体现了鲜明的时代性。

(2)①要立足于发展中国特色社会主义的伟大实践,继往开来、与时俱进,丰富和发展民族精神。②青年是国家的希望,民族的未来,我们人人都应该成为民族精神的传播者、弘扬者和建设者,共同续写中华民族精神的新篇章,用民族精神来激励我们为民族的复兴,国家的繁荣富强积极作出贡献。③必须继承和发扬中华民族的优良传统,正确对待外来思想文化的影响,必须与弘扬时代精神相结合。

解析:第一问题干中"不同时期的红歌所体现的民族精神的具体内容不同"反映了民族精神的时代性特点。第二个问题主要运用应怎样去弘扬和培育民族精神这一知识点作答。

第四单元　发展先进文化

第八课　走进文化生活
色彩斑斓的文化生活

【合作探究】

(1)大众文化应备有的特点:首先是大众文化的普遍可接受性;其次大众文化的内容着重表达生活的表象和世俗层面,往往是日常生活的直接延伸,甚至是对日常生活的某种传奇式的虚构和夸张;再次是大众文化的创作动机和过程,具有简单、通俗的特点。

(2)当前,要提高大众文化的品位,首先必须发挥我国大众传媒公有制的优越性,发挥传播主体作为"把关人"的特殊作用,在尊重市场运行规则的前提下,为大众文化注入健康向上和具有使命感的先进文化内容;其次,要提高大众文化的品位,就要改变我们长期把快乐等同于低俗、轻浮,把痛苦等同于高雅、深刻的思想观念,大胆把先进文化的使命感和责任感融入大众文化所常用的轻松快乐的形式之中。

【课堂体验】

1.C　2.D　3.D　4.C　5.B

【课外体验】

1.D　2.B　3.B　4.A　5.C

6.(1)上述材料说明一些品味低下、庸俗的文化仍有一定的市场,应该对文化市场加强管理和引导,大力发展先进的、健康的、有益的文化。

(2)①加强文化市场的法制建设,用法律手段来管理和引导文化市场。②加强思想道德建设,引导人们自觉抵制落后文化、腐朽文化。③为人民群众提供更多的、类型多样的、先进的、健康的、面向广大人民群众的,反映人民利益呼声的社会主义大众文化。

在文化生活中选择

【合作探究】

(1)漫画1反映了落后文化现象,漫画2反映了腐朽文化现象。

(2)两种文化现象的区分:①各种带有迷信、愚昧、颓废、庸俗等色彩的文化都是落后文化。落后的文化常常以传统习俗的形式表现出来,如人们常见的看相、算命、测字、看风水等。②封建主义和资本主义的腐朽思想,殖民文化,"法轮功"邪教、淫秽色情文化等,都是腐朽文化。

解决方法:①始终坚持以科学的理论武装人、以正确的舆论引导人,以高尚的精神塑造人,以优秀的作品鼓舞人。②大力发展先进文化,支持健康有益的文化,努力改造落后文化,坚决抵制腐朽文化。③必须大力建设社会主义核心价值体系。④加强自身科学文化修养和思想道德修养。

解析:本题考查落后文化与腐朽文化的表现、区别以及解决的方法,主要是对课本知识的掌握和运用。解决办法可以从国家与个人两个角度来思考。

【课堂体验】

1.C 2.B 3.B 4.C 5.B

【课外体验】

1.B 2.A 3.A 4.D 5.C

6.(1)上述材料表明,在现实生活中还存在着腐朽的、落后的文化现象。

(2)恶搞是一种庸俗、低级和无聊的文化,是从腐朽文化中变异滋生出的文化垃圾。它与社会所弘扬的文明道德、伦理价值观念格格不入,是一株精神"毒草",毒害着青少年,腐蚀着民族的灵魂。

(3)文化市场的盲目性和传媒的商业性,以及政府有关部门监管不力是恶搞产生的主要原因。同时,当前人们思想的空虚、健康向上文化作品的缺乏,也是恶搞产生的另一重要原因。

(4)为此,一方面政府要坚决打击和依法取缔各种腐朽的文化,加强监督和管理,同时也要加强文化建设,向社会提供更多健康向上的人民喜闻乐见的大众文化,弘扬主旋律。另一方面,人们也要提高辨别能力,做出正确的文化选择,远离落后文化和腐朽文化。

第九课 推动社会主义文化大发展大繁荣
坚持先进文化的前进方向

【合作探究】

(1)遵守公民基本道德规范,牢固树立社会主义荣辱观。

(2)在社会主义精神文明建设的实践中,要结合自身实际,立足于本职工作,加强自身的科学文化修养和思想道德修养,不断追求更高的思想道德目标。

(3)不断改造主观世界,形成正确的世界观、人生观、价值观,切实增强识别和抵制各种错误思潮的能力。

(4)努力学习马克思主义的科学理论坚定中国特色社会主义的共同理想,逐步树立共产主义远大理想。

(5)在加强自身修养过程中,要脚踏实地、不尚空谈、重在行动,要从我做起,从现在做起,从点滴小事做起,在践行社会主义思想道德的过程中,不断追求更高的思想道德目标。

【课堂体验】

1.B 2.C 3.B 4.B 5.D

【课外体验】

1.D 2.A 3.B 4.D 5.D

6.(1)材料反映了当前文化生活中的"喜"与"忧"的现象。

原因:文化市场和大众传媒的发展带来了文化生活可喜的现象。但是,文化市场的自发性和传媒的商业性,使得媒体片面地追求收视率,不顾自身的基本职责,从而引发了令人忧虑的现象。

(2)①作为政府,要牢牢把握先进文化的前进方向。要大力发展人民大众喜闻乐见的文化,弘扬主旋律,建设中国特色社会主义文化,加强社会主义精神文明建设,特别是要加强思想道德建设;要加强对文化市场的管理,正确引导文化市场的发展。

②作为媒体,要增强责任意识和职业道德意识,切实履行传承文化的义务。

③作为公民,要提高辨别低俗文化、落后文化和腐朽文化的眼力;增强抵制低俗文化、落后文化和腐朽文化的能力;学习科学文化知识,提高思想道德修养,做出正确的文化选择。

建设社会主义精神文明

【合作探究】

(1)建设和谐文化,必须以马克思列宁主义、毛泽东思想、邓小平理论和"三个代表"重要思想为指导,全面贯彻落实科学发展观,发扬与时俱进的精神,积极推动文化创新。

(2)建设和谐文化,要继承和发扬中国传统文化中的和谐思想观念。承接和弘扬中国传统和谐思想的合理内涵,充分发掘其理念蕴藏的当代价值。

(3)建设和谐文化,还要注意吸收借鉴世界优秀文明成果。建设和谐文化,要积极借鉴世界各国的文明成果,博采众长,使其熔铸于和谐文化建设之中,这是建设和谐文化的一个重要方面。

【课堂体验】

1.C 2.B 3.A 4.D 5.D

【课外体验】

1.B 2.D 3.A 4.D 5.B

6.(1)共青团中央举办的"科学、文明、健康"社区青年节活动,有利于引导广大青年及其他群众增强健康意识,摒弃不良习俗,有利于在全社会形成讲科学、讲文明、讲卫生的良好风尚,推动社会主义精神文明建设健康发展。

(2)认真学习,努力做好科学文化知识的宣传,反对封建迷信思想;遵纪守法,尊老爱幼,爱护环境卫生,做文明公民。(答案有多种,只要合乎情理即可。)

第十课 文化发展的中心环节
加强思想道德建设

【合作探究】

(1)作为国家文化管理部门,应该加强对文化市场的规范引导,大力弘扬主旋律,发展先进文化,支持健康有益文化,努力改造落后文化,坚决抵制腐朽文化,努力搞好社会主义文化建设。

(2)文化生产单位,不应当盲目追求经济效益,应当在追求经济效益的同时追求文化产品的社会效益,努力发展人民群众喜闻乐见的文化,不生产、不销售品位低下的文化产品。

(3)青少年应当追求健康有益的文化,深刻认识不良文化对个人成长的危害性,提高辨别落后文化和腐朽文化的眼力,增强抵御其影响的能力。

解析:这是一道怎么办的问答题,题目设问要求从文化的管理者、生产者、消费者三个规定主体的角度进行回答。只要明确了这三个角度,不难写出答案。

【课堂体验】

1.B 2.D 3.C 4.B 5.C

【课外体验】

1.B 2.C 3.D 4.C 5.D

6.(1)一个重要途径,就是在社会主义精神文明建设的实践中,加强自身的知识文化修养和思想道德修养,不断追求更高的思想道德目标。

(2)必要性:①加强思想道德修养,能够促进知识文化修养。提高思想道德认识,重视思想道德情操,坚定理想信念,有助于增强学习的自觉性,掌握更多的科学文化知识,提高知识文化修养水平。

②加强思想道德修养,能够促进人的全面发展。人的全面发展表现在人的思想道德素质、科学文化素质和健康素质等各方面得到全面提高。

重要性:具有良好的思想道德修养,才能运用所掌握的知识为社会造福。不注重思想道德修养,即使掌握了丰富的知识,也难以避免人格上的缺失,甚至危害社会。

思想道德修养与科学文化修养

【合作探究】

(1)原因:生活变化很快,不断加快的城镇化进程;新型产业的崛起与传统产业的衰落,使众多劳动者不得不面对新的择业问题;网络的普及,使越来越多的人进入社会交往的新天地等等。在急剧变化的社会生活中,人们在告别传统生活方式的同时,也常常遭遇思想道德下的"两难选择"。

(2)解决的重要途径:解决道德冲突的一个重要途径,就是在社会主义精神文明建设的实践中,加强自身知识文化修养和思想道德修养,不断追求更高的思想道德目标。

①在遵守公民道德规范的基础上,不断改造主观世界,认真学习科学文化知识,树立正确的世界观、人生观和价值观。

②学习马克思主义的科学理论,坚定建设中国特色社会主义共同理想,逐步树立共产主义远大理想。

③要脚踏实地,重在行动,要从我做起,从小事做起。

【课堂体验】

1.C 2.D 3.B 4.B 5.B

【课外体验】

1.C 2.C 3.C 4.C 5.C

6.(1)"村官"小杨向村民传授农业科技知识,推动该村传统木雕工艺品转化为旅游纪念品,使村民的钱包鼓了起来,表明文化能反作用于经济。

(2)"村官"小杨和艺人共同努力,使原先小打小闹的传统木雕工艺实现新的发展,表明文化的发展离不开继承与创新。

(3)该村社会风气明显好转,表明优秀文化可以促进人和社会的发展。

(4)小杨给该村带来的变化与她自身良好的素质密不可分,表明加强思想道德修养与知识文化修养的重要性。

图书在版编目(CIP)数据

高中思想政治新课程导学. 文化生活导学 / 邱继先
主编.—重庆：西南师范大学出版社，2011.8
ISBN 978-7-5621-5442-6

Ⅰ.①高… Ⅱ.①邱… Ⅲ.①文化生活－高中－教学
参考资料 Ⅳ.①G634.203

中国版本图书馆 CIP 数据核字(2011)第 179743 号

文化生活导学

主　编　邱继先

责任编辑:张　琳
封面设计:谭　玺
责任照排:夏　洁
出版发行:西南师范大学出版社
　　　　　(重庆·北碚　邮编:400715
　　　　　网址:www.xscbs.com)
印　　刷:重庆川外印务有限公司
开　　本:787 mm×1092 mm　1/16
印　　张:8.25
字　　数:211 千字
版　　次:2011 年 8 月第 1 版
印　　次:2011 年 8 月第 1 次
书　　号:ISBN 978-7-5621-5442-6

定　　价:25.00 元